教えて日高シェフ!

最強
イタリアンの
教科書

日高良実
Yoshimi Hidaka

世界文化社

私がYouTuberに
なった日······

　2020年7月31日──私の料理人人生で大きな転換点がやってきました。「ユーチューバー」デビューです。その年の初めにはYouTubeなどよその世界のことと思っていたのが、春にイタリア料理界№.1ユーチューバー Chef Ropia さんのチャンネルに招かれ、反響のすさまじさに衝撃を受けて私も第一歩を踏み出したのでした。

　YouTubeのすごさは、発信者と視聴者の距離が驚くほど近いこと。これまで続けてきた雑誌、テレビ、講習会などを上回る反応の速さ、深さがあり、みなさんがどんな感想、疑問、関心を抱いているのかが手に取るようにわかるようになりました。視聴者の方々も、おそらくレストランに食事に行くだけでは知り得ない調理場の様子、料理人の動き、調理の過程をリアルに見られるところに親近感や楽しさを感じてくださっているのでしょう。何より私が驚いたのは、YouTubeを見ながら家で料理を作り、その後、味の検証をしたいと来店される方が増えていることです。しかも大半が、これまで台所に立ったこともなかったという男性。コロナ禍のステイホーム時期と重なっていたこともありますが、作ってみようと思い立つだけの訴求力がYouTubeにあるのですね。

　私が長年願ってきたのは、みなさんにイタリア料理を作ってほしいということ。作ることで、イタリア料理がもっと身近になり、もっと好きになると思うからです。だから、YouTubeをきっかけに料理をするようになり、レストランに足を運ぶようになったとの話は、とてつもなくうれしかった。次は、くり返し作るなかで、「自分のレシピ」を見つけてほしいと思います。料理のレシピはひとつではなく、私がお伝えしているのも一例にすぎないもの。経験を積んでいくなかで、自身の好みがはっきり見えてくるはずです。

　YouTubeでは、家庭で取り組みやすい料理──材料品目が少なくて入手しやすく、工程もシンプルなものを取り上げています。有名料理はもちろん、修業時代の思い出の料理、イタリアの田舎で教わった簡単で心がほっこりする家庭料理。本書では、それらをコンパクトに1冊にまとめました。YouTubeで話しきれなかったエピソードや調理のポイントを盛り込み、一目で理解できる構成に。そして、多くの料理は巻末にあるQRコードを読み取ればその場で動画に飛んで、読みながら視聴しながら深く学べる仕組みです。この本によって、さらにイタリア料理の腕を磨いてください。私がこれまで学んできたイタリア料理のすべてを、多くのみなさんと共有できることが夢であり、務めだと思っています。

2021年6月　　日高良実

「日高良実のACQUA PAZZAチャンネル」の撮影は、午後の休憩時間を利用して、1回に3本、1カ月に2回のペースで収録している。天井の定点カメラ、手元のアップや全景など、4台のカメラがさまざまな角度から料理、シェフ、スタッフの姿を生き生きと映し出す。撮影、編集を請け負うのは料理の映像制作のプロ集団、ヤスダフォトスタジオのメンバーたち。

「話をしながら調理するのは大変」と当初は緊張気味だった日高シェフも、回を重ねるごとになめらかで話題も豊富なトークに。やさしさにあふれる人柄も視聴者の心をつかんでいる。料理中心の本チャンネルのほか、サブチャンネルで自身が撮影するものや企業とのコラボレーション企画、横須賀の支店「アクアマーレ便り」など盛りだくさんの内容で発信。

上／日高シェフが今、注力しているのが動画撮影。ヤスダフォトスタジオとの息もぴったり。
中／動画には厨房やホールのスタッフにも積極的に参加してもらっている。
下／リストランテだが、テーブルからクロスが消えた。席のレイアウトへの配慮、高性能空気清浄機エアドッグの複数台導入など、withコロナの時代の対応で、お客さまをお迎えする。

教えて日高シェフ！
最強イタリアンの
教科書

1

定番を極めたい！
パスタ＆
リゾット

2

ワインがすすむ
いちおし
レシピ

「日高良実の ACQUA PAZZA チャンネル」

- ●「リストランテ　アクアパッツァ」日高良実シェフが主宰する動画サイトです。毎週金曜日22時に新作がアップされ、家庭で楽しむためのイタリアンが満載。
- ●本書は、この「日高良実の ACQUA PAZZA チャンネル」で反響のあった料理に、新作を加えた54レシピを、新たに撮影・取材して、掲載しています。
- ●一部、動画と本書レシピの材料や手順に違いがある場合もありますが、どちらも正解です。方法は違ってもどちらもおいしくできます。何回かくり返すことで、ご自分なりのオリジナルの味や作り方を開発してください。
- ●掲載レシピのうち、動画サイトでも紹介されている料理をQRコードにして、P126～127にまとめています。厨房のシェフの説明を動画で見ることができます。

本書の表記ルール

計量について
小さじ1＝5㎖、大さじ1＝15㎖

レシピの分量について
2人前で出していますが、作りにくいものは作りやすい分量で表記。

材料について
- ●E.V. オリーブオイルは、エクストラ・ヴァージン・オリーブオイルの略。
- ●揚げ油はなたね油、ひまわり油、紅花油、サラダ油など植物油をお好みで。
- ●バターは食塩不使用のもの。
- ●生クリームは乳脂肪分40％前後のものを。
- ●パルミジャーノはパルミジャーノ・レッジャーノの略。
- ●にんにくの1片は大小あるので、平均的な大きさを1片と表記。

- ●赤唐辛子は本書で2種類を使用。シチリア産の小粒のものは（小）、国産の鷹の爪は（小口切り）として分量を表記。どちらを使ってもよい。
- ●こしょうは黒こしょうのみを使用。下味のみ、白しょうでも可。
- ●塩は、調理用は分量調整のしやすい、さらさらした焼き塩タイプがおすすめ。塩味は材料の下味や調理の途中でつけるが、仕上がりの時点でも必ず味見をして、足りなければ補う。
- ●ブイヨンは、市販のキューブや顆粒を湯で溶かしたものでよい。

機器について
- ●オーブンは機種により性能に差があるので、表記の温度と時間は目安に。
- ●温かい料理を盛る皿は、直前に湯を張ったり、湯で洗ったりなどして温めるとよい。

パスタをゆでるタイミング
ゆで始めるタイミングを、レシピページでは、アイコンで表記しています。パスタのゆで上がりとソースが同時にでき上がるように設定していますが、スムーズにソースを作りにくい場合は、先にソースを作ってからパスタをゆで始めてもかまいません。ソースができたらいったん火を止め、パスタがゆで上がる時に再度火をつけ、ソースを温め直して合わせます。

超入門おうちイタリアン
イタリア食材「基本のき」

シンプルな調理法で素材の持ち味を120％出すイタリア料理は、基本的な調味料さえあればOK。

日高シェフおすすめのラインナップ。今はさまざまなものが輸入されていますので、

クオリティを吟味して、ご自分のお気に入りをみつけてください。

E.V. オリーブオイル

イタリア料理の基本の油。風味はさまざまなので、1本を選ぶならマイルドな万能タイプを。サルバーニョは店でも大活躍。

ワインヴィネガー

酢のなかでも酢酸がまろやかで香りがよい。白と赤があり、赤のほうが香りが豊か。ポンティ社はイタリアの代表的ブランド。

バルサミコ酢

ぶどう果汁を煮詰めて酢酸発酵させた甘酸っぱくとろりとした高級酢。少量を使うだけで料理もデザートも風味が高まる。

マルサラ

イタリア特産の酒精強化ワイン。甘みや風味が強く、料理にも菓子にも幅広く使える。甘口や半辛口もあるが、辛口1種で充分。

アンチョビ

片口いわしの塩漬け熟成品で、濃い旨みと塩味を料理の味のベースに使う。フィレとペーストがあるが、どちらも臭みのないものを。

コラトゥーラ（魚醤）

古代ローマ時代から使われてきた魚醤で、パスタソースやドレッシングなどに1滴たらすだけでコクが増す。臭みのない品を。

ケイパー

パスタソースや魚料理、サラダなどに重宝。すぐに使えて便利な酢漬けと、塩抜きが必要だが旨みの濃い塩漬けがある。

赤唐辛子（ペペロンチーノ）

国産の大型の「鷹の爪」でもよいし、イタリア産ならシチリアの小粒のものがおすすめ。辛みも旨みも強いので量は控えめに。

パンチェッタ

豚バラ肉の塩漬け熟成品で、燻製をかけていない生製品。棒切りをカルボナーラやアマトリチャーナなどのパスタ、スープ類に使うほか、薄切りを焼いて焼き野菜に添えるような使い方も。脂に旨みがあるが、火を入れると溶けて身がやせるので、赤身の多いものがおすすめ。

からすみ（パウダー）

店では塩味がマイルドな唐津産を使うが、イタリア産（ボッタルガ）も流通。パスタ、カルパッチョ、フリットなどの旨み足しに。

ポルチーニ（ドライ）

イタリアを代表するきのこ。ドライは旨みが濃厚で、もどし汁とともにきのこのリゾット、パスタ、肉のラグーなどに。

フレッシュ・ハーブ

写真は、前列左からセージ、ローズマリー、バジリコ、タイム、イタリアンパセリ、ミント。近年はスーパーでも種類が揃っているので、料理の風味づけにぜひ使いたい。もっとも使用頻度の高いのはイタリアンパセリで、バジリコやローズマリーも欠かせない。パスタ、スープ、料理と出番は多い。イタリアンパセリやバジリコの日持ちをよくするには、濡らして水分を絞ったキッチンペーパーで包み、プラスチックケースに入れて冷蔵庫へ。ローズマリーはつるしておけば乾燥して日持ちがよくなり、使い勝手も変わらない。

スパイス

写真は、前列左からフェンネルシード、ナッツメッグ、オレガノ、ローリエ。ドライの香辛料もとくに肉料理や煮込みなどで使う頻度が高く、常備しておきたいもののひとつ。写真は定番スパイスで、これらを揃えればたいがいの料理をカバーできる。ほかに、黒こしょうも必須だが、粗くつぶして使う料理もあるので、粒こしょうを揃えておくとよい。

超入門おうちイタリアン
トマトのチカラ

イタリア料理といえば、トマトと連想する方も多いくらい、今や絶対的に欠かせない食材です。ただ、歴史をひもとくと、イタリアにトマトがもたらされたのは遠い昔ではなく、1500年代。最初は観賞用で、食用として使われるまでにさらに2世紀を要し、全国に広まったのは1700〜1800年代といわれます。古代ローマから続く長大な歴史からすれば、ついこの間のこと！ それ以降、またたく間に料理に浸透していったのですから、トマトの力、おそるべしです。

本書でもたくさんトマトを使っています。たっぷりの量で長時間煮込んだり、さっと火を通すだけでフレッシュ感を残したり、生でさわやかさを演出したり。旨み、甘み、酸味にひいでた豊かな風味は、どのように調理してもおいしいと実感します。

缶詰とフレッシュの使い分けは自由ですが、煮込む料理には缶詰がおすすめ。完熟トマトが入っているので、いつでも安定した味が出せます。ホールトマトとダイストマトの使い分けもお好みで。ダイストマトは小さい分、火の通りが早く、短時間でさっと煮詰めたい調理法に向いています。ただ、ホールトマトを事前に泡立て器でつぶしておけば早く火が入るので、その方法でも。

フレッシュトマトを使う時は、よく熟れて味の濃いものであることが重要。とくに生で使う場合はフルーツトマトがよいです。また、ミニトマトは皮面積の比率が高い分、味の凝縮感があるので、生食だけでなくトマトソースやあさりのスパゲッティなどに加えても、アクセントになって完成度がワンランクアップしますよ。

味が濃厚で高糖度のミニトマト

右コラムのセミドライトマトは、高糖度ミニトマトとして脚光を浴びる「OSMICトマト」で作っています。独自に開発した土と最先端の温室で栽培されており、味は甘く濃厚。これをセミドライにするので、ますますおいしい調味料になります。セミドライトマトも、甘みや旨みの濃さがカギです。
＊㈱OSMIC（オスミック）https://osmic.info/

缶詰のホールトマトはサンマルツァーノ系といわれる長トマト。有機農法の丸トマトのダイスカットの缶詰は、ホールトマトに比べるとリーズナブルで、料理によって使い分けたり、混ぜたりしてもいい。手前左は乾燥度の高い市販のドライトマト。旨みが濃く、刻んでスパゲッティ・アーリオ・オーリオに混ぜるだけでもおいしい。

自家製セミドライトマト

看板料理「アクアパッツァ」（→P.82）に必須のセミドライのトマトです。水分を少し残した半乾燥に仕上げて、トマトの濃い旨みとさわやかさを同居させるところがポイント。大型トマトより、ミニトマトのほうが果皮の比率が高くなるので味の濃いものができます。

ミニトマトのヘタを取り、横半分に切って切り口を上にして並べる。切り口に塩を少量ふって、95℃に温めたオーブンで2時間乾燥。さらに半日ほど常温において水分をとばす。

ワンランクアップするプロの隠し味
厨房のひみつ

イタリアンレストランでは、短時間で効率よく、
安定したおいしさを作り出すために、食材の下処理や保管に工夫をしています。
一例をご紹介しましょう。

にんにくオイル

カリカリパン粉

玉ねぎの
ソッフリット

香味野菜の
ソッフリット

香味野菜のソッフリット

香味野菜（玉ねぎ、にんじん、セロリ）のみじん切りをオリーブオイルでよく炒め、野菜のもつ甘みや旨みを引き出したもの。「ソッフリット」は「炒めたもの」という意味です。イタリア料理ではミートソースや肉の煮込みなど利用する料理が多いので、まとめて仕込んでいます。玉ねぎだけのソッフリット（作り方→P.24）は、パスタ料理に重宝しますよ。

材料
玉ねぎ1個、にんじん1本、セロリ1本（各みじん切り）、
E.V.オリーブオイル100㎖

鍋に玉ねぎ、にんじん、セロリを入れ、E.V.オリーブオイルを回しかけて炒める。油が回ったら蓋をして180℃のオーブンで1時間、時々混ぜながら火を入れる。家庭なら、焦げつかない鍋で、蓋をしてごく弱火で約20分間蒸らしながら炒める方法でも。

カリカリパン粉

オイルやにんにくの風味をきかせて、カリカリに炒めたパン粉。イタリアではかつて、チーズを買えない人がチーズ代わりにパスタにかけて食べていたので、「貧乏人のチーズ」と呼ばれたことも。おもに南イタリアで汁気の多いパスタに使われました。そんな逸話があるものの、パスタや料理にかければ、香ばしくサクサクしておいしいアクセントになります。

材料
パン粉（乾燥した細かいもの）、にんにくオイル（→P.19）、E.V.オリーブオイル

フライパンにパン粉を広げ、にんにくオイル少量をのせてE.V.オリーブオイルを回しかける。弱火にかけ、フライパンをふりながら、へらで混ぜてパン粉とオイルをなじませていく。カリッとして薄いきつね色になるまで、5分間ほどよく炒める。

少々混ぜにくいので、オイルを3回くらいに分けて状態を見ながら加えるとラクです。時々火をはずしたり、へらで押したりほぐしたりをくり返すのがコツ。除湿剤を入れておけば、カリカリ感が長持ちします。

玉ねぎのソッフリット

【作り方→P.24】

にんにくオイル

イタリア料理はにんにくを大量に使うので、多くのレストランではいつでも即座に利用できるよう、まとめてきざんでオリーブオイルに漬け、冷蔵保存しています。家庭では使う頻度が少ないですから、冷凍が便利でしょう。【作り方→P.19】

ジェノヴァペースト

ジェノヴァのパスタソースとしておなじみのバジリコのペースト。店では、〈バジリコ、松の実、オリーブオイル〉のみでベースを作って冷蔵ストック。基本材料のにんにくとパルミジャーノは、料理ごとに分量を加減しながら加えて仕上げています。ベースの日持ちがよく、風味もよりよいものになります。【作り方→P.59】

厨房のひみつ

あさりのブロード

殻付きのあさりは濃いだしが出るので、店では小粒のあさりを注文してブロードを作ります（大粒あさりはパスタ料理の具材に！）。魚介のパスタや魚料理で旨みを加えたい時、これがあるととても便利。店ではほかにも、エキス状に煮詰めて柚子果汁や米油と合わせ、魚介のカルパッチョのソースにすることも。確実においしくなる、旨みの万能だしです。

材料
あさり（殻付き）、水

鍋にあさりを入れ、水をひたひたに注ぐ。強火で沸騰させた後、弱火にしてアクを除く。20〜30分間煮出す。ザルにキッチンペーパーを重ねて静かにこす。

ベジブロス（野菜のブイヨン）

野菜の切れ端を水で煮出した野菜ブイヨン。チキンやビーフブイヨンのような強いコクはありませんが、野菜の旨みと香りがとても豊かです。パスタソースを水でのばす代わりに使ったり、煮込み、スープ、リゾットのだしとして使ったり、活躍の場は多いです。わが家では毎朝、ベジブロスに醤油を加え、うどんつゆにしていますよ。野菜の切れ端はジッパー付きのポリ袋に入れていけば（冷蔵庫の野菜室で保管）、あっという間にたまります。

材料
野菜（トマトの皮、玉ねぎの切れ端や皮、にんじんの切れ端や皮、セロリの茎と葉、パセリの軸、大根の皮など）、水

＊ブロッコリ、カリフラワー、キャベツの芯などは、入れすぎるとにおいが強くなるので控えめに。また、色の濃い野菜も少なめがよい。

鍋に野菜を入れ、水をひたひたに注ぐ。強火で沸騰させたのち、弱火にして20分ほど煮出す。ザルでこす。
ポリ袋に入れて真空にし、冷凍すれば日持ちもします。

定番を極めたい！
パスタ&リゾット

1

まず、パスタの基本をマスターしよう

おすすめのパスタ

ご自身の好きなブランドを使ってもらうのがいちばんですが、あえて私の愛用品を紹介すれば、ディ・チェコです。30年以上、イタリア修業に行く前から使い続けているので、扱い慣れている、食べ慣れていることが大きいですね。パスタの表面は〈つるつる〉と〈ざらざら〉の2タイプがあり、ディ・チェコがざらざらタイプなのも気に入っている理由。つるつるはのど越しがよく、ざらざらはソースがからみやすい点が特徴ですが、これも食べる方の好みで。ディ・チェコでは近年オーガニック製品も出しているので、その点も魅力です。

また、スパゲッティ系パスタの太さは、やや細身のスパゲッティーニをメインで使っていますが、本来のスパゲッティでもOK。本書では、もっと太いパスタが合うソースの例も掲載しています。

パスタをゆで始めるタイミング

パスタとソースは、同時に仕上げてすぐに和えるのが理想です。本書では、ソースの調理をしながらどのタイミングでパスタをゆで始めるとよいか、目安を記載しました。とはいえ、やはり多少のタイムラグは生まれがち。そこで覚えておいてほしいのが、「ソースはできても待たせておけばよいが、パスタはゆで上がったら待たせるな」。パスタを放っておいたらのびたり乾いたりしてしまうからです。ソースを早めに作り、パスタのゆでたてをすぐに和えることを心がけてください。

ゆで汁の量と塩分濃度

パスタはゆで汁に完全に沈んでいることが大切で、ロングパスタには深さのある鍋が必須です。ショートパスタはかさが少ないので浅鍋でも。ゆで汁の量の目安は〈パスタの重量の10〜15倍〉。本書では、パスタ2人分160gでゆで汁2ℓが基本。

塩分はシェフによっていろいろですが、一般的に水の1％が基本で、私の店もこの濃度。ソースをゆで汁でのばして煮詰める使い方も多いので、塩分を強くしすぎないことが大事ですね。

ゆで時間とアルデンテ

以前は、パスタの袋に書かれているゆで時間よりも「1〜2分前に湯から上げる」が定説でした。しかし、今は〈表示時間どおり〉をよしとする傾向で、私もそのひとり。

昔は歯ごたえのあるアルデンテを求めるあまり、早めを意識しすぎていたのかもしれませんね。そして、ディ・チェコの場合、最近は袋に標準ゆで時間(cottura)とアルデンテ用ゆで時間(al dente)を併記しています。違いは2分間。お好みで選べばよいということですね。

つけ加えていうと、たとえば「あさりのスパゲッティ」のように、ソースの中でパスタをしばらく煮て味を含ませるものは、やはり1〜2分手前でゆで上げ、その分をソースの中で煮ます。また、ショートパスタは厚みがあり、噛んだ際のボリューム感もあるので表示時間より少し時間をかけるくらいがちょうどよいです。

ゆで汁もソースに利用する

ゆで汁はパスタをゆでるものであると同時に、〈ソース材料のひとつでもある〉ととらえてください。水分調整だけでなく、塩味とパスタから溶ける小麦粉の旨みがソースをよりおいしくしてくれるのです。

ソースが煮詰まった時、またパスタのゆで上がりを待っている間にソースが乾いてきた時、仕上がり間際になめらかさに欠けていた時など、ゆで汁でのばしながら火を入れるとソースがよみがえります。

さらに、ソースの味をもっと凝縮させたい、パスタにソースをしっかり含ませたいという時にも、ゆで汁を入れて煮るとなめらかな濃縮ソースができていきます。

パスタの湯をきる時も、完全に水分を落とすのではなく、引き上げて少しゆで汁をふり落とし、ぽつぽつとたれるくらいでソースに入れてください。ゆで汁が少量入ることでパスタとソースがなめらかにからみますよ。

パスタのゆで方

1 深さのある鍋に水（2ℓ）を張り、強火で沸騰させる。水量の1％の塩（20g）を入れて溶かす。

6 火加減を弱めの中火にし、湯の表面にさざ波が立つ状態でゆでる。

2 パスタを入れる。ロングパスタは、鍋の上でパスタを立て、真ん中をねじる。

7 ゆで上がったら、トングでパスタを持ち上げ、少しだけ湯をきってソースを調理しているフライパンに入れる。

多くのパスタ料理は、ゆで汁が少したたるくらいで移してなめらかに仕上げます。料理によってしっかり水気をきったほうがよい場合は、ザルにあけます（個々に解説）。

3 そのままパッと手を離して湯に落とす。

パスタが放射状に均等に散るので湯に沈めやすく、またパスタ同士がくっつきにくいです。

ショートパスタの場合

同様に塩を加えた湯に入れ、ゆで上がったら穴あき玉杓子などですくってソースに入れる。

ショートパスタはかさが小さいので、湯の量は少なめでも。

4 すぐに、トングや箸でパスタを湯に沈める。

放っておくと、鍋の縁にあたっている部分が焦げて硬くなってしまいます。

ロングパスタを短くして調理する場合

鍋の上で、パスタを手で折って塩湯に入れる。ゆで上がったら、長めのものはトング、短いものは穴あき玉杓子で取り出す。

5 パスタが沈んだら、混ぜてほぐす。

ロング、ショートともに種類が豊富なディ・チェコのパスタ。スパゲッティーニやペンネはオーガニック製品（薄緑色パッケージ）も揃う。

たった３つの材料だけで和える、シンプルで飽きのこないスパゲッティです。

イタリアでは家庭で食べるパスタ料理で、レストランではほとんど出されないんですよ。

どう作っても味は同じと思いがちですが、

にんにくの量、切り方、和え方を少し変えるだけで風味や食感が違ってきます。

いろいろ作ってお好みの方法を見つけてくださいね。

ここでは、香りやカリッとした食感など、にんにくのおいしさを贅沢に感じられる

2通りの仕立て方をご紹介します。

にんにく、オリーブ油、赤唐辛子
スパゲッティ・アーリオ・オーリオ
Spaghetti aglio, olio e peperoncino
スパゲッティ　アーリオ　オーリオ　エ　ペペロンチーノ

ストックしておくと便利
にんにくオイル

イタリア料理はにんにくの出番が多いので、みじん切りにしてオリーブオイルに漬けておくと、いつでも簡単に使えて便利です。にんにくが必要な時にオイルごとすくい、そのままフライパンへ。料理によっては、風味が移ったオイルだけをすくって、軽く香りを生かす使い方をしてもよいです。1房分を丸ごと仕込んで冷凍しておけば、1カ月間はもちますし、冷凍でもスプーンですくい出せる柔らかさです。

本書では、「にんにくのみじん切り」はこのにんにくオイルを使用。

小分けして冷蔵庫へ移した時は、5日間くらいで使いきる。

from Hidaka

日本人はにんにく好きな方が多く、量をたくさん使って香りを目いっぱい出すことが多いですが、イタリアではそこまで強調させません。もともとイタリアのにんにくは風味がマイルドで、使う量が少なくほんのり香らせる程度。にんにく嫌いの人も案外多いんですよ。地域的にも南部はにんにくをよく使うけれど、北部はあまり使いません。私がイタリアで最初に作ったまかない料理はフィレンツェのレストランでしたが、このアーリオ・オーリオだったんです。自信満々で出したら、「においがきつすぎて食べられたものじゃない」と全員から大ブーイング。にんにくの使い方を思い知らされた出来事でした。

にんにくオイル

1 にんにくの外側の皮をむいて1片ずつにばらす。根元を包丁で薄く切り離し、そのまま薄皮をむく。

2 縦に2等分し、中心にある芯を取り除く。

新にんにくは芯ができていないので、そのまま使えます。

3 切り口を下にして置き、縦に薄切りにする。

これが「にんにくのスライス」。横に薄切りにしてもよいです。横切りのほうが、炒めた時によりカリッとしますが、お好みで。

4 薄切りを端からせん切りにする。

5 せん切りを細かくきざんでみじん切りにする。

6 にんにくを容器に入れ、E.V.オリーブオイルをにんにくが隠れるまでひたひたに注ぐ。

にんにくのみじん切りで作る
アーリオ・オーリオ

Spaghetti aglio, olio
e peperoncino

にんにくのスライスで作る
アーリオ・オーリオ

炒めたにんにくをからすみパウダーとともにトッピング
にんにくのみじん切りで作るアーリオ・オーリオ

材料 (2人分)
パスタ (スパゲッティーニ)……160 g
　パスタをゆでる水……2ℓ
　パスタをゆでる塩……20g
にんにく (みじん切り→P.19)……2〜4片分
赤唐辛子 (小)……2本
E.V. オリーブオイル……大さじ4
塩……適量
からすみ (パウダー)……適量

準備
●ソースは短時間でできるので、パスタ用の湯を沸かして塩を入れ、パスタをゆで始める。

1 フライパンににんにくとE.V. オリーブオイルを入れ、中火にかける。熱してきたら弱火にし、にんにくの水分がプツプツと蒸発する温度を保つ。

みじん切りはスライスより早く火が入るので、焦がさないように注意を。

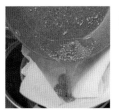
2 にんにくが色づき、香りが出てきたら、キッチンペーパーでボウルにこす。

ボウルにザルとペーパーを重ねます。

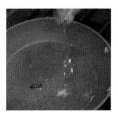
3 ボウルにたまったオイルをフライパンへ戻し、赤唐辛子を入れて弱火にかける。軽く火を入れて辛みと香りをオイルに移し、塩をふる。パスタのゆで汁を大さじ1〜2 (分量外) ほど加えてのばす。

ここで、パスタがゆで上がるまで火を止めます。

4 再びフライパンを中火にかけ、ゆで上がったパスタを入れて何回も混ぜてソースをからめる。味見をして、足りなければ塩をふる。

パスタをトングでつかんでよく混ぜれば、オイルと水分が混ざって自然に乳化。パスタにきれいにからみます。

5 皿に盛り、2で取りおいたにんにくのみじん切りを散らし、からすみをふる。

にんにくを漉さずにそのままパスタと和える作り方もありますが、取りおいてトップに散らすほうが、香ばしさとサクサクした食感が生きますよ。

にんにくチップスのカリカリ食感がアクセント
にんにくのスライスで作るアーリオ・オーリオ

材料 (2人分)
パスタ (スパゲッティーニ)……160 g
　パスタをゆでる水……2ℓ
　パスタをゆでる塩……20g
にんにく (スライス→P.19)
　……2〜4片分
赤唐辛子 (小)……2本
E.V. オリーブオイル……大さじ4
塩……適量

準備
●ソースは短時間でできるので、パスタ用の湯を沸かして塩を入れ、パスタをゆで始める。

1 フライパンににんにくとE.V. オリーブオイルを入れ、中火にかける。熱してきたら弱火にし、にんにくの水分がプツプツと蒸発する温度を保つ。

ガス台ならフライパンを手前に傾けてオイルに深さを出すと、効率よくきれいに炒められます。

2 にんにくが薄く色づき、香りが出てきたら、キッチンペーパーでボウルにこす。

にんにくは薄いきつね色がベスト。色がつかないと臭みが残り、炒めすぎると苦みが出て香りも悪くなります。

3 ボウルにたまったオイルをフライパンへ戻し、赤唐辛子を入れて弱火にかける。軽く火を入れて辛みと香りをオイルに移し、塩をふる。パスタのゆで汁を大さじ1〜2 (分量外) ほど加えてのばす。

ここで、パスタがゆで上がるまで火を止めます。

4 再びフライパンを中火にかけ、ゆで上がったパスタを入れて何回も混ぜてソースをからめる。

5 パスタにソースが行き渡ったら、2で取りおいたにんにくの半量を入れ、よく混ぜる。味見をして、足りなければ塩をふる。皿に盛り、残りのにんにくを散らす。

最後にE.V. オリーブオイルを少量混ぜても。風味が増します。

トマトソースのスパゲッティ

スパゲッティ　アル　ポモドーロ
Spaghetti al pomodoro

トマトソースは偉大です。

パスタとの相性が抜群で、具材がなくても充分においしい。

しかも簡単。

イタリア人が家庭で作るパスタ料理もトマトソースが多いです。

トマトの種類や使い方、煮込み方など方法はいろいろあるので、

その違いも楽しんでください。

ここでは、缶詰のトマトを30分ほど煮込むスタンダード版と、

多めのオイルで揚げるように煮込み、

仕上げにフレッシュのミニトマトを合わせるナポリ風の

2種を紹介します。

スタンダード版
トマトソースのスパゲッティ

ナポリ風
トマトソースのスパゲッティ

作り方➡P.24〜25参照

スタンダード版トマトソースのスパゲッティ

炒めて甘みを出した玉ねぎのソッフリットとトマトを、コトコトと煮詰めてコクを深めます。濃厚で安定感のあるおいしさで、日持ちもします。少し多めに作って冷蔵・冷凍しておくと便利ですよ。

材料（2人分）
パスタ（スパゲッティーニ）……160g
　パスタをゆでる水……2ℓ
　パスタをゆでる塩……20g
スタンダード版トマトソース（10人分）
ホールトマト（缶詰）……2.4〜2.5kg
玉ねぎのソッフリット（下記参照）
　……大さじ3
にんにく（みじん切り→P.19）
　……4片分
バジリコ……4枝
E.V.オリーブオイル……適量
塩……適量

準備
●ホールトマトをボウルに入れて泡立て器でつぶす。

●ソースを作っている途中で、パスタ用の湯を沸かす。

1 鍋に玉ねぎのソッフリットと少量のE.V.オリーブオイルを入れて中火にかける。温まってきたら弱火にし、にんにくを加えて香りが出るまで炒める。

2 ホールトマトを入れてよく混ぜ、火加減を強める。

3 トマトが沸いてきたら弱火にし、30分間ほど煮込む。塩を加えて味を見る。
焦げつかないよう、時々全体を混ぜましょう。ソースの仕上がり5分ほど前に、パスタ用の湯に塩を入れ、パスタをゆで始めます。

4 ソースができ上がったら、バジリコの葉を手でちぎって加え混ぜ、火を止める。
バジリコは最後に入れたほうが、香りが生きます。手でちぎるのも香りを出しやすくするため。

5 フライパンにでき上がったソースの約1/5量を入れて中火にかける。温まったら、ゆで上がったパスタを入れて何回も混ぜてソースをからめる。味見をして、足りなければ塩をふる。皿に盛る。

玉ねぎのソッフリット

玉ねぎのみじん切りをオイルでじっくり炒め、旨みや甘みを凝縮させたもの。料理の味のベースとしていろいろな料理に使えます。

材料
玉ねぎ（みじん切り）……1個分
E.V.オリーブオイル……50mℓ

1 鍋にE.V.オリーブオイルと玉ねぎを入れて中火にかけ、玉ねぎにオイルをからませるように炒める。

2 温まってきたらごく弱火にし、水大さじ2（分量外）を入れて蓋をする。時々かき混ぜながら約10分間炒める。

3 玉ねぎが黄金色に柔らかくなれば、でき上がり。
焦げつきにくいホーロー鍋などで作りましょう。

短時間煮込みでフレッシュ感を生かす
ナポリ風トマトソースのスパゲッティ

南イタリアでは短時間で作るこのトマトソースが一般的。玉ねぎとトマトを多めのオイルで揚げるように炒め、手早く煮詰めるのでトマトの甘みとコクが生きます。生のミニトマトも最後に加えるので、さわやかさも。日持ちがせず作りたてがおいしいので、そのつど作りましょう。

材料 (2人分)
パスタ (スパゲッティーニ)……160g
　パスタをゆでる水……2ℓ
　パスタをゆでる塩……20g
ナポリ風トマトソース (3〜4人分)
ダイストマト* (缶詰)……400g
ミニトマト……16個
にんにく (みじん切り→P.19)
　……1片分
玉ねぎ (みじん切り)……大さじ2
E.V. オリーブオイル……大さじ2
塩……適量

＊ホールトマトでも。その場合はボウルに入れて泡立て器でつぶしておく。

準備
●ミニトマトのヘタを取り除く。
●ソースは短時間でできるので、パスタ用の湯を沸かして塩を入れ、パスタをゆで始める。

1 フライパンにE.V. オリーブオイルとにんにくを入れ、中火にかける。熱してきたら弱火にし、にんにくが薄く色づき、香りが出てきたら玉ねぎを加えて炒める。

玉ねぎとトマトを揚げるように炒めるのがポイントなので、オイルはかなり多いです。

2 玉ねぎの水分が抜けてきたらダイストマトを加える。

3 混ぜながら、油で揚げるように手早く煮る。

トマトが温まり、煮崩れてつながってくればOK。

4 ミニトマトを加え、混ぜながら軽く煮る。塩で味をつける。

ミニトマトは温める程度にして、フレッシュ感を残します。
パスタがゆで上がるまで、火を止めておきます。

5 4のソースの半量を別の容器に移し、残り半量のソースを中火にかけ、ゆで上がったパスタを入れて何回も混ぜてソースをからめる。味見をして、足りなければ塩をふる。皿に盛る。

 **from Hidaka**

缶詰のホールトマトやダイストマトは質が一定しているので、いつでも安心して使えるのがメリット。生トマトは完熟したおいしいものが手に入る時に使って、フレッシュ感を味わってください。露地もの、フルーツトマト、ミニトマトなど種類は多いですが、いろいろ試すなかで自分の味が見つかっていくと思います。

主材料は、豚バラ肉を塩漬け熟成したパンチェッタとトマト。

旨みと塩気のきいたパンチェッタのおいしさを引き出すことが

この料理のポイントで、塩、オイル、トマトは控えめにします。

最後に混ぜるチーズのペコリーノも

パルミジャーノより塩分やコクが強いので、シンプルながら力強いソースに。

これに負けないように、

パスタは中心に穴のあいている太いブカティーニを使うのが定番です。

もちろん太めのスパゲッティでもOK。

素朴で飽きないイタリアの味です。

アマトリーチェ風ブカティーニ

アマトリーチェ風ブカティーニ

ブカティーニ　　　　　アッラマトゥリチャーナ
Bucatini all'amatriciana

材料 (2人分)
パスタ (ブカティーニ)……160g
　　パスタをゆでる水……2ℓ
　　パスタをゆでる塩……20g
パンチェッタ……70〜80g
にんにく (みじん切り→P.19)
　　……2片分
玉ねぎ (薄切り)……70〜80g
ダイストマト* (缶詰)……240〜300g
ペコリーノ……大さじ6
E.V.オリーブオイル……適量
塩、黒こしょう……各適量

＊ホールトマトでもよい。その場合はボウルに入れて泡立て器でつぶしておく。

準備
●パンチェッタを棒切りにする。
細く切らず、少し幅や厚みをもたせたほうが、風味が生きます。

●ペコリーノをすりおろす (調理中にすりおろしながら加えてもよい)。
●ソースを作り始める前に、パスタ用の湯を沸かす。

from Hidaka

このパスタ料理を初めて食べたのはイタリア修業中、ローマへ行った時のこと。ローマ料理なので、たいていのレストランで出しているのです。日本では「ナポリタンの原形がアマトリチャーナ (＝アマトリーチェ風)」と聞いていたので興味津々。でも、ナポリタンのように炒めるのではなくソースで和えてある。燻製したベーコンではなく生のパンチェッタを使っていて、チーズも羊乳製のペコリーノ。似て非なるものでした。ちなみに、アマトリーチェはローマのずっと北にある、料理の由来にかかわる山あいの町の名前です。

1 フライパンににんにくとE.V.オリーブオイルを入れ、中火にかける。熱してきたら弱火にし、にんにくが薄く色づき、香りが出るまで炒めてからパンチェッタと玉ねぎを入れる。

2 パンチェッタの脂分をじんわりと溶かし出すように炒める。
ここでパスタ用の湯に塩を入れ、パスタをゆで始めます。

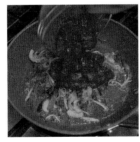

3 パンチェッタの脂が透明になり、玉ねぎに火が入ったらダイストマトを加える。

4 トマトを全体に行き渡らせ、水を大さじ2 (分量外) ほど加えてのばし、塩、黒こしょうをふる。弱火にして数分煮込んで濃度を出す。
パスタがゆで上がるまで、火を止めておきます。

5 再びフライパンを中火にかけ、ゆで上がったパスタを入れて何回も混ぜてソースをからめる。

6 火を止め、ペコリーノをふってよく混ぜ、皿に盛る。

スパゲッティ・ナポリタン

ザ・ジャパニーズ・イタリアンスパゲッティ。

トマトケチャップで炒めるアメリカ経由のパスタ料理ですが、

今や日本の国民食でしょう。

店ではレストランならではの工夫を加え、

「大人のナポリタン」の名前で平日のランチにお出ししています。

最大のポイントは「冷凍パスタ」、あるいは「ゆでおきパスタ」を使うこと。

さらに野菜の種類を増やし、最後にバターを加えることで

ケチャップの尖った酸味をまろやかにします。

盛りつけ後には黒こしょうをたっぷり —— これが"大人"の名前のゆえんです。

黒こしょうたっぷり

スパゲッティ・ナポリタン

Spaghetti "Napolitan"

材料（2人分）

パスタ（スパゲッティーニ）……160g
　　パスタをゆでる水……2ℓ
　　パスタをゆでる塩……20g
ベーコン……50g
玉ねぎ……1/2個
ピーマン……4個
ズッキーニ……1/2本
ミニトマト……8個
トマトケチャップ……40g
バター……10g
E.V.オリーブオイル……適量
塩、黒こしょう……各適量

準備

●ベーコンの薄切りを1cm幅に切る。
●野菜をそれぞれ切る。玉ねぎ（やや厚みのある薄切り）、ピーマン（縦の細切り）、ズッキーニ（半月切り）、ミニトマト（ヘタを取って横に半割）。
●パスタはあらかじめゆで上げ、軽くオイルをまぶして冷ましておく（一晩寝かせてもOK）。

 from Hidaka

日本でなじんだ、だれもが知っているこの料理をいつか店で出したいと考えていました。以前、ワインを中心にしたトラットリア「アクアヴィーノ」を営業していた時、「締めのパスタ」として取り入れたのが最初です。仕上げにかける黒こしょうのピリッとした刺激が口の中をさっぱりさせてくれます。もちもち食感を出すため、あえてゆでたてではなく、ゆでおきパスタで作ります。店では冷凍パスタを解凍して使っていますが、その方法もおすすめ。野菜は好みのものをいろいろ使ってください。

1 フライパンにE.V.オリーブオイルとベーコンを入れ、中火にかけて炒める。
ベーコンの脂に火が通るのを目安にします。

2 玉ねぎを加えて軽く色づくまで炒め、ピーマンとズッキーニを加える。塩をふり、野菜にほぼ火が通るまで炒める。

3 ミニトマトを加えてさっと炒め合わせる。
ミニトマトは炒めすぎないように。フレッシュ感を生かします。

4 あらかじめゆでおいたパスタとトマトケチャップを加える。よく混ぜて、むらなくからめる。

5 バターを加え、溶けるまで混ぜる。皿に盛り、黒こしょうをたっぷりとふる。

オリーブ、ケイパー、アンチョビ、にんにく、トマト……、
イタリアの家庭なら普通にある食材で、すぐに作れる、
つまりわざわざ買い物に行かなくてもできる手軽なパスタ料理です。
作る時間もかかりません。
具材の分量は、好きなものを多めにしたり、
好きでないものは控えめにしたりと自由に変えていいんですよ。
塩漬けの食材が多いので、
ふり塩を控えめにするとちょうどよい味加減です。

スパゲッティ・プッタネスカ

驚きの「娼婦風」
スパゲッティ・プッタネスカ
Spaghetti alla puttanesca
スパゲッティ　　　アッラ　　　プッタネスカ

材料 (2人分)
パスタ (スパゲッティーニ) ……160g
　　パスタをゆでる水……2ℓ
　　パスタをゆでる塩……20g
ダイストマト* (缶詰) ……300〜400g
にんにく (みじん切り→P.19)
　　……1片分
赤唐辛子 (小口切り) ……1〜2本分
アンチョビ (フィレ) ……2枚
オリーブ (黒と緑。種なし) ……各10個
ケイパー (酢漬け) ……大さじ2
イタリアンパセリ (粗みじん切り)
　　……ふたつまみ
E.V.オリーブオイル……大さじ4
塩、黒こしょう……各適量
＊ホールトマトでも。その場合はボウルに入れて泡立て器でつぶしておく。

準備
●オリーブを半割、薄切りなど、好みの大きさに切る。
●ソースは短時間でできるので、パスタ用の湯を沸かして塩を入れ、パスタをゆで始める。

from Hidaka

プッタネスカは「娼婦風」の意味ですが、娼婦とはなんの関係もありません。とある著名人が遊び心でつけた名前が、物珍しくおもしろいとイタリア全土に広まった、そんなストーリーのようですよ。このネーミングは第二次大戦後、ナポリ近海に浮かぶイスキア島でつけられたので歴史は新しいですが、料理自体はずっと以前から作られていたんでしょうね。

1 フライパンににんにく、赤唐辛子、E.V.オリーブオイルを入れて中火にかける。熱してきたら弱火にし、にんにくが薄く色づき、香りが出るまで炒める。

2 アンチョビを加え、ほぐしたら、オリーブ、ケイパーも加えてさっと炒め合わせる。

3 ダイストマトを入れ、混ぜながら手早く煮る。
トマトが温まり、煮崩れてつながってくればOK。

4 仕上がり直前にイタリアンパセリを加え、塩、黒こしょうをふってさっと混ぜる。
パスタがゆで上がるまで、火を止めておきます。

5 再びフライパンを中火にかけ、ゆで上がったパスタを入れて何回も混ぜてソースをからめる。味見をして、足りなければ塩、黒こしょうをふる。皿に盛る。

ペンネ・アラビアータ

赤唐辛子の辛みをきかせたトマトソース和え。

アラビアータは「怒った」の意味で、

辛いソースで和えられたパスタが怒っている様子を表しているんだそう。

辛みの度合いは好みですが、あまり辛すぎると口のなかの感覚が麻痺しますから、

ほどよく辛いのがいちばんでしょうね。

そして、赤唐辛子を炒める時に決して焦がさないこと。

苦みが出ます。

この料理はペンネで作るのが定番ですが、

スパゲッティでも他のパスタでもなんでもお試しあれ。

いかにも辛そうな「怒りん坊風」

ペンネ・アラビアータ

Penne all'arrabbiata
ペンネ　　アッラッラビアータ

材料（2人分）
パスタ（ペンネ）……100g
　パスタをゆでる水……2ℓ
　パスタをゆでる塩……20g
ダイストマト*（缶詰）……300g
にんにく（みじん切り→P.19）
　……2片分
赤唐辛子（小）……2〜4本
イタリアンパセリ（粗みじん切り）
　……適量
E.V.オリーブオイル……大さじ2
塩、黒こしょう……各適量
＊ホールトマトでも。その場合はボウルに入れて泡立て器でつぶしておく。

準備
●ソースは短時間でできるので、パスタ用の湯を沸かして塩を入れ、パスタをゆで始める。

from Hidaka

アラビアータは、ナポリ風トマトソース（→P.25）のように、多めのオイルでトマトを揚げるように手早く煮たトマトソースが合います。仕上げにふっている黒こしょうは、私のアレンジ。南イタリアでは赤唐辛子を多用してこしょうをあまり使わないのが一般的で、ローマ発祥のアラビアータも本来はこしょうをかけません。ですから、なくてもいいです。私は、別種の辛みが加わって風味が増すので大好きですけどね。

1 フライパンにE.V.オリーブオイルとにんにくを入れ、中火にかける。熱してきたら弱火にし、にんにくが薄く色づき、香りが出るまで炒めてから赤唐辛子を加える。
赤唐辛子の辛みと香りをオイルに移すように炒めます。時間は1分程度で充分。

2 イタリアンパセリを加え、さっと火を入れる。

3 すぐにダイストマトを加える。混ぜ合わせて塩で味をつける。

4 混ぜながら、油で揚げるように手早く煮る。
トマトが温まり、煮崩れてつながってくればOK。
パスタがゆで上がるまで、火を止めておきます。

5 再びフライパンを中火にかけ、ゆで上がったパスタを入れて何回も混ぜてソースをからめる。味見をして、足りなければ塩をふり、最後に黒こしょうをふって混ぜる。皿に盛る。

日本で大人気
あさりのスパゲッティ

スパゲッティ　　　　アッレ　　　　ヴォンゴレ
Spaghetti alle vongole

日本ではイタリア以上にヴォンゴレ人気が高いです。

日本のあさりは大粒で味がよいので、

とりわけおいしくできるからだと思いますね。

殻付きのほうが旨みの濃いだしが出て身もふっくら仕上がるので、

ぜひ殻付きで作りましょう。

トマトを使わないヴォンゴレ・ビアンコが日本では定番ですが、

トマトソースを加える赤いヴォンゴレ・ロッソ、

ミニトマトを使うナポリ風ヴォンゴレと味つけもいろいろあります。

スパゲッティ・ヴォンゴレ・ビアンコ
Spaghetti alle vongole in bianco

日本のおいしいあさりを楽しむには、これがいちばん！　白ワイ
ンで蒸し煮にするだけで、旨みいっぱいのソースができます。

材料 (2人分)
パスタ (スパゲッティーニ) ……160g
　　パスタをゆでる水……2ℓ
　　パスタをゆでる塩……20g
あさり (殻付き) ……400g
にんにく (みじん切り→P.19) ……2片分
赤唐辛子 (小) ……1〜2本
白ワイン……200㎖
イタリアンパセリ (粗みじん切り) ……ふたつまみ
E.V.オリーブオイル……大さじ4

準備
●あさりを塩水 (食塩濃度3%) に2時間ほど浸け、砂抜きする。
●ソースを作り始める前に、パスタ用の湯を沸かす。

1 フライパンにE.V.オリーブオ
イル、にんにく、赤唐辛子を
入れて中火にかける。熱してきたら
弱火にし、にんにくが薄く色づき、香
りが出るまで炒める。

2 あさりを入れて白ワインをか
け、蓋をする。
ここでパスタ用の湯に塩を入れ、パス
タをゆで始めます。表示時間 (標準的な
ゆで時間) より1分ほど前
に上げる。

3 中火にし、数分間蒸し煮にす
る。殻が開いたら、あさりを
バットなどに取り出す。
火を入れすぎると身が硬くなるので、
殻が開いたらすぐに取り出す。
殻から出た汁は味見して塩分を確認。
全量をフライパンに残さず、あさりと
一緒に少々取り出しておきます。

4 フライパンに残った汁にイタ
リアンパセリを入れて、さっ
と火を通す。
汁の量が少ないと感じたら、水少量を
足してのばしてください。
パスタがゆで上がるまで、火を止めて
おきます。

5 再びフライパンを中火にかけ、
ゆで上がったパスタを入れて、
何回も混ぜて少し煮るようにソース
をからめる。

6 あさりを戻し、さらによく混
ぜる。味見をして、塩味が足
りなければ③で取りおいた汁を適量
戻す。E.V.オリーブオイル適量 (分
量外) をかけてひと混ぜし、皿に盛る。

from Hidaka

あさりは好みの量でかまいません。
旨みだけでなく塩分も強いので、新
たに塩で味をつける必要はないで
しょう。ものによって塩辛さが違う
ので、殻から出た汁の味を必ず確認
してくださいね。最初は汁の全量を
使わず、あとで塩分が足りないと感
じれば戻し、反対に塩気が強いと思
えば湯でのばすなど調整するとよい
でしょう。

スパゲッティ・ヴォンゴレ・ロッソ
Spaghetti alle vongole in rosso
スパゲッティ　アッレ　ヴォンゴレ　イン　ロッソ

ビアンコの作り方の後半にトマトソースを加えます。おだやかな味になります。

材料 (2人分)
パスタ (スパゲッティーニ)……160g
　パスタをゆでる水……2ℓ
　パスタをゆでる塩……20g
あさり (殻付き)……400g
にんにく (みじん切り→P.19)
　……2片分
赤唐辛子 (小)……1〜2本
白ワイン……200㎖
スタンダード版トマトソース (→P.24)
　……160〜200g
イタリアンパセリ (粗みじん切り)
　……ふたつまみ
E.V.オリーブオイル……大さじ4

準備
●あさりを塩水 (食塩濃度3%) に2時間ほど浸けて、砂抜きする。
●ソースを作り始める前に、パスタ用の湯を沸かす。

1　フライパンにE.V.オリーブオイル、にんにく、赤唐辛子を入れて中火にかける。熱してきたら弱火にし、にんにくが薄く色づき、香りが出るまで炒める。

2　あさりを入れて白ワインをかけ、蓋をする。
ここでパスタ用の湯に塩を入れ、パスタをゆで始めます。表示時間より1分ほど前に上げる。

3　中火にし、数分間蒸し煮にする。殻が開いたら、あさりをバットなどに取り出す。
殻から出た汁は味見して塩分を確認。全量をフライパンに残さず、あさりと一緒に少々取り出しておきます。

4　フライパンに残った汁にトマトソースを入れ、温める。続けてあさりを戻し、トマトソースと和える。
パスタがゆで上がるまで、火を止めておきます。

5　再びフライパンを中火にかけ、ゆで上がったパスタを入れて、何回も混ぜて少し煮るようにソースをからめる。

6　味見をして、塩味が足りなければ③で取りおいた汁を適量戻す。イタリアンパセリをふってひと混ぜし、皿に盛る。

ナポリ風スパゲッティ・ヴォンゴレ
Spaghetti alle vongole e pomodorini

トマトソースの代わりにミニトマトを入れます。日本では「マッキアート」と呼ぶ人も。「染みのついた」の意味で、ミニトマトが散っていることからの連想でしょう。ナポリでは、ヴォンゴレ・ロッソといえば、どの店もこのスタイルでした。

材料（2人分）
パスタ（スパゲッティーニ）……160g
　パスタをゆでる水……2ℓ
　パスタをゆでる塩……20g
あさり（殻付き）……400g
にんにく（みじん切り→P.19）
　……2片分
赤唐辛子（小）……1〜2本
白ワイン……200㎖
ミニトマト……20個
イタリアンパセリ（粗みじん切り）
　……ふたつまみ
E.V. オリーブオイル……大さじ4

準備
●あさりを塩水（食塩濃度3％）に2時間ほど浸けて、砂抜きする。
●ミニトマトのヘタを取り、横半分に切る。
●ソースを作り始める前に、パスタ用の湯を沸かす。

1 フライパンに E.V. オリーブオイル、にんにく、赤唐辛子を入れて中火にかける。熱してきたら弱火にし、にんにくが薄く色づき、香りが出るまで炒める。

2 あさりを入れて白ワインをかけ、蓋をする。
ここでパスタ用の湯に塩を入れ、パスタをゆで始めます。表示時間より1分ほど前に上げる。

3 中火にし、数分間蒸し煮にする。殻が開いたら、あさりをバットなどに取り出す。
殻から出た汁は味見して塩分を確認。全量をフライパンに残さず、あさりと一緒に少々取り出しておきます。

4 フライパンに残った汁にミニトマトを入れて温める。続けてあさりを戻す。ミニトマトをつぶしながらあさりと和える。
パスタがゆで上がるまで、火を止めておきます。

5 再びフライパンを中火にかけ、ゆで上がったパスタを入れて、何回も混ぜて少し煮るようにソースをからめる。

6 味見をして、塩味が足りなければ 3 で取りおいた汁を適量戻す。イタリアンパセリをふってひと混ぜし、皿に盛る。

魚介をふんだんに盛り込んだ、通称ペスカトーレ。
レストランでは殻付き車海老や大粒の帆立貝柱、あさり、ムール、
やりいかなどを贅沢に使います。
イタリアで海辺近くのレストランに行けば、多くの店が新鮮な魚介を使った
ペスカトーレを出していて最高においしいですよ。
高級魚介は家庭ではハードルが高いので、
冷凍の「シーフードミックス」でおいしく作る方法をお教えしましょう。
ここに好きな魚介を1〜2種足してもいいですよ。

漁師風スパゲッティ

漁師風スパゲッティ

Spaghetti alla pescatora
スパゲッティ　アッラ　ペスカトーラ

材料 (2人分)
パスタ (スパゲッティーニ)……160g
　　パスタをゆでる水……2ℓ
　　パスタをゆでる塩……20g
ナポリ風トマトソース (→P.25)
　　……360g
シーフードミックス (冷凍)……400g
にんにく (みじん切り→P.19)
　　……小さじ1
白ワイン……120㎖
イタリアンパセリ (粗みじん切り)
　　……適量
E.V.オリーブオイル……適量
塩……適量

準備
●ソースは短時間でできるので、パスタ用の湯を沸かして塩を入れ、パスタをゆで始める。

 from Hidaka

シーフードミックスは凍ったまま、直接炒めるのがポイントです。つまり火を入れながら解凍する。炒めていくと水分が溶けてくるので煮詰めて蒸発させます。こうすれば旨みが抜けたり、スカスカになったりしません。そして、にんにくを加えることで冷凍魚介の臭みをカバーし、風味をつけます。加えるトマトソースはミニトマトの形を残したナポリ風 (→P.25)で。トマトのフレッシュ感がおいしさに一役買ってくれます。トマトソース なしで、ごく簡単に作りたい時は、ダイストマトを加えて2分ほど煮るという方法でもよいですよ。

1 フライパンに凍ったままのシーフードミックスを入れ、強火にかける。水分が溶けてくるので、蒸発するまで炒める。

2 水分がほぼなくなったら弱火にし、フライパンの空いているところににんにくとE.V.オリーブオイルを入れる。にんにくが薄く色づき、香りが出るまで炒めてから、シーフードと炒め合わせる。

にんにくは最初からシーフードと炒めず、単独で炒めたほうが効率よく、きれいに火が入ります。

3 白ワインを加えて中火にし、沸騰させてアルコール分をとばしながら鍋底の旨みを溶かす。

4 ナポリ風トマトソースを入れて、シーフードに混ぜながら温める。

トマトソースは味が完成しているので、ここで煮込む必要はありません。
パスタがゆで上がるまで、火を止めておきます。

5 再びフライパンを中火にかけ、ゆで上がったパスタを入れて何回も混ぜてソースをからめる。味見をして、足りなければ塩をふる。皿に盛り、イタリアンパセリを散らす。

シーフードミックスとトマトソースは塩分が入っているので、追加の塩は少量でよいでしょう。

魚介ラグーのスパゲッティ

魚介のラグーは、数種類の魚介をミートソース風に煮込んだもの。

トマトソース仕立ての「たこのミンチソース」もそのひとつで、よく見かけますね。

私の店では白身魚、海老、帆立貝柱を使うことが多いです。

ミンチにはしないで1cmくらいのさいの目切りにして、

魚介がゴロゴロ入っている仕上がりです。

何を食べているかがよくわかるし、魚介のおいしさが引き立ちますよ。

ここではクリーム味にしていますが、トマトソースでももちろん合います。

魚介ラグーのスパゲッティ

Spaghetti al ragù di pesce

材料 (2人分)

パスタ (スパゲッティーニ) ……160g
　パスタをゆでる水……2ℓ
　パスタをゆでる塩……20g
白身魚 (たら、平目など) ……150g
海老 (バナメイエビ、ブラックタイガーな
　ど) ……3尾
帆立貝柱……2枚
玉ねぎのソッフリット (→ P.24)
　……30〜40g
白ワイン……60㎖
生クリーム……120㎖
イタリアンパセリ (粗みじん切り)
　……ふたつまみ
E.V. オリーブオイル……大さじ2
バター……30g
塩、黒こしょう……各適量

準備

●白身魚は皮を引き、海老は殻と脚を
むいて背わたを取る。帆立貝柱とともに、
すべて1㎝ほどのさいの目に切る。
●バターを小片に切る。
●ソースは短時間でできるので、パスタ
用の湯を沸かして塩を入れ、パスタをゆ
で始める。表示時間 (標準的な
ゆで時間) より1分ほど前に
上げる。

 from Hidaka

魚介は何を使ってもよいです。好きなも
の、安く売られているものなどを数種類
組み合わせてください。ただ、似通った
ものばかりでなく、風味も食感もちょっ
と違うものを使うほうが味に変化が出て
おいしいです。たらや鮭の場合は、塩を
していない生魚を。

1 フライパンにE.V. オリーブオイ
ルとバターを入れて中火にかける。
バターが溶けたら白身魚、海老、帆立貝
柱を入れて炒める。塩、黒こしょうをふる。
生クリーム仕立てにはバターの風味が合い
ます。バターを焦がさないように注意。

2 魚介から出た水分がとび、海老が
赤くなってきたら、玉ねぎのソッ
フリットを入れて混ぜ合わせる。

3 続けて白ワインを加え、沸騰させ
てアルコール分をとばしながら鍋
底の旨みを溶かす。

4 生クリームを加えて混ぜ合わせる。

5 しばらく煮詰めて軽く濃度をつけ
る。塩、黒こしょうをふる。
6でパスタを入れて少し煮込むので、煮詰
めたあと、ゆで汁を少量加えてのばしてお
きます。
パスタがゆで上がるまで、火を止めておき
ます。

6 再びフライパンを中火にかけ、ゆ
で上がったパスタを入れて混ぜな
がら1分ほど煮込む。味見をして、足り
なければ塩、黒こしょうをふる。皿に盛り、
イタリアンパセリを散らす。

ひき肉で作るミートソースはイタリア全土にいろいろありますが、
イタリアでも日本でももっとも知られているのがボローニャ風。
「サルサ・ボロニェーゼ」(ボローニャ風ソース)といえば
ミートソースを意味します。
ボローニャ風のなかでも、牛肉で作る人、合いびき肉で作る人、
さらに赤ワイン主体でトマトペーストを使ったり、
ホールトマト主体で赤ワインを少量だけ使ったりと
レシピもひとつではありませんよ。
まずは、日本でポピュラーな合いびき肉とトマト主体で作る
ミートソースをマスターしましょう。

ボローニャ風ミートソースのスパゲッティ
Spaghetti alla salsa bolognese
スパゲッティ　アッラ　サルサ　ボロニェーゼ

材料 (2人分)
パスタ (スパゲッティーニ) ……160g
　　パスタをゆでる水……2ℓ
　　パスタをゆでる塩……20g
ミートソース (5～6人分)
合いびき肉……500g
塩……5g (肉の1%)
赤ワイン……200㎖
香味野菜のソフリット (→P.12) ……60g
ホールトマト (缶詰) ……1kg
ローリエ……1枚
ナッツメッグ……少量
E.V.オリーブオイル……適量
塩、黒こしょう……各適量
パルミジャーノ……適量

準備
●合いびき肉に1%分の塩をふり、よく
混ぜる。
生肉のうちに塩を混ぜておくと、塩味が均
一に浸透します。
●ホールトマトをボウルに入れて、泡立
て器でつぶす。
●ソースを作っている途中で、パスタ用
の湯を沸かす。

1 フライパンを中火にかけ、E.V.オ
リーブオイルと塩味をつけた合い
びき肉を入れる。肉に火が入ると固まっ
てくるので、へらでほぐしながら焼く。
混ぜすぎないこと。肉の固まりが少し残っ
てもよいので、時々ほぐすくらいがよいで
しょう。炒めるというよりひき肉の表面を焼
いて、色をつける感覚です。

2 肉に焼き色がついたら、煮込み用
の鍋に移す。

3 肉を焼いたフライパンに赤ワイン
を入れ、沸騰させてアルコール分
をとばしながら鍋底の旨みを溶かす。肉
の鍋に移す。
赤ワインがなければ、白ワインや日本酒、水
でもOK。

4 香味野菜のソフリット、ホール
トマトを入れ、強火にして混ぜ合
わせる。沸いてきたら弱火にして、ロー
リエ、ナッツメッグ、黒こしょうを加える。
時々混ぜながら、20～30分間煮込んで
ソースのでき上がり。
ナッツメッグは肉との相性がよいスパイス。
ホールなら左頁写真のようにすりおろして、
パウダーならひとふり入れます。
ソースができ上がる少し前にパスタ用の湯
に塩を入れ、パスタをゆで始める。

Spaghetti alla salsa bolognese

ボローニャ風ミートソースの
スパゲッティ

5 フライパンに**4**の約1/3量のミートソースを入れ、中火にかける。
パスタのゆで汁少量を入れてのばす。

ソースはでき上がって少し時間をおくと煮
詰まった感じになるので、ゆで汁でゆるめ
ておいたほうがパスタとなめらかに混ざり
ます。

6 ゆで上がったパスタを入れて、何
回も混ぜてソースをからめる。味
見をして、足りなければ塩、黒こしょうを
ふる。皿に盛り、パルミジャーノをかける。

 from Hidaka

一般にはひき肉を炒めたらそのまま煮込
みますが、さっぱり味が好みなら、炒め
た肉をザルでこして脂分をきってもよい
ですよ。ただし、ひき肉は赤身肉の多い
ものを使いましょう。脂身が多すぎると
火を入れた時に脂が溶けて身がやせ、ボ
ソボソになってしまいます。また、粗びき
肉のほうが旨みが逃げず、肉の存在感も
出ておいしいです。

スパゲッティ、サルシッチャのソース

Spaghetti con salsiccia

サルシッチャはソーセージのことで、

おもに熟成させない生ソーセージを指します。

そのまま焼いて食べるだけでなく、

詰めものの肉をばらしてパスタソースにしたり、

リゾットや煮込みに加えたりすることもよくあります。

詰めものを使うだけならケーシングに詰める必要がなく、

豚のひき肉にスパイスで味をつけるだけですから、とても簡単。

ここでは相性のよいクリーム味にして、野菜とともにパスタソースにしています。

作り方➡P.46 参照

スパゲッティ、サルシッチャのソース

材料（2人分）

パスタ（スパゲッティーニ）……160g
　パスタをゆでる水……2ℓ
　パスタをゆでる塩……20g
サルシッチャ（→P.47）……200㎖
スナップえんどう……4個
ズッキーニ……2/3本
生クリーム……80〜100g
E.V.オリーブオイル……適量
パルミジャーノ……大さじ6
黒こしょう……適量

＊野菜はかぶ、キャベツ、玉ねぎなど、お好みで。

準備

●スナップえんどうの筋を取り、斜めにふたつに切る。
●ズッキーニは半月形に切る。
●ソースは短時間でできるので、パスタ用の湯を沸かして塩を入れ、パスタをゆで始める。

1 フライパンを中火にかけ、E.V.オリーブオイルとサルシッチャを入れて、ほぐしながら炒める。

肉の固まりを切る感じで、細かい粒にほぐす必要はありません。

2 サルシッチャに焼き色がついたら、生クリームを加えて沸かす。

肉に少し香ばしさをつけたほうがおいしいです。
パスタがゆで上がるまで、火を止めておきます。

3 パスタがゆで上がる2〜3分ほど前に、パスタの鍋に野菜（スナップえんどう、ズッキーニ）を入れて一緒にゆで上げる。

4 ②のフライパンを再び中火にかけ、ゆで汁少量を加えてのばす。

5 ゆで上がった野菜とパスタを入れて、何回も混ぜてソースをよくからめる。

6 火を止め、パルミジャーノをふってさらに混ぜる。皿に盛り、黒こしょうをふる。

パルミジャーノをたくさん入れるので、塩分はほぼ足りるでしょう。クリーム系には黒こしょうをきかせると味が引き締まり、おいしさが増すのでたっぷりと。

サルシッチャ

ひき肉にスパイスを加えて練るだけ！氷のキューブを1〜2個入れると混ぜやすく、粘りも出やすいです。温度が上がらないので肉質もよい状態を保てますよ。

材料（作りやすい分量）
豚粗びき肉……1kg
塩……12g（肉の1.2%）
黒こしょう……5g
ローズマリー（ドライ）……15g
セージ（ドライ）……15g

from Hidaka

必須のスパイスは塩と黒こしょうですが、あとは自由ですよ。ここではローズマリーとセージを入れましたが、ドライのオレガノ、タイム、パセリ、ナッツメッグ、フェンネルシードでも。塩分の配合（肉の1.2%）は熟成乾燥させるソーセージより控えめにして、フレッシュ感を出しています。また、レストランでは5〜6時間くらい冷蔵庫でねかせたり、すぐに真空にかけたりして味をなじませますが、家庭でなら作ってすぐに調理してかまいません。本書では「豚肉とキャベツの煮込み、ロンバルディア風」（→P.96）でも使っています。

1 ボウルに豚粗びき肉を入れ、塩、黒こしょう、ローズマリー、セージを加える。

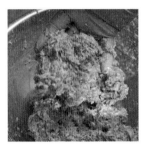
2 手でつかんだり練ったりをくり返しながら、肉に粘りを出してつなぐ。
練る作業は、ポリエチレン製の手袋をつけましょう。

3 肉がつながったらポリ袋に入れて保存する。

サルシッチャの保存と利用法

一度にたくさん作り、冷蔵や冷凍で保存しておくと便利ですよ。使いやすい分量でポリ袋に小分けし、真空にします。冷蔵で1週間、冷凍で1カ月は日持ちします。冷凍したものは冷蔵庫で自然解凍を。

ソーセージの形にするには、調味したひき肉を細長の棒状にしてラップでぴったりと包み、適宜の長さでねじってポリ袋に入れます。密閉してゆでて、そのまま食べてもよいし、グリルやソテーでも。そのほか団子状など好みの形で利用を。

パーフェクトな真空保存

「これは本当に便利ですよ。ボタンひとつで、専用の保存バッグやプラスチックコンテナを、スピーディに真空にできるマシンです。食材や料理の鮮度をキープする保存力が高いうえ、野菜マリネや胸肉を湯せん調理する"鶏ハム"作りにもおすすめ」と日高シェフ。上記のサルシッチャも保存バッグに入れたら、この電動ポンプで脱気して真空冷凍に。専用保存バッグは脱気用バルブ付きで、耐熱97℃、耐冷−18℃。真空にすることで冷凍焼けも防ぎます。また、袋のまま湯せんもOKなので低温調理にも広く活用できます。

上左／ツヴィリング　フレッシュ＆セーブ。電動真空ポンプと専用コンテナ、バッグはサイズが選べる。
https://www.zwilling.com/

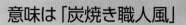

意味は「炭焼き職人風」

スパゲッティ・カルボナーラ
Spaghetti alla carbonara
スパゲッティ　アッラ　カルボナーラ

とろとろの卵ソースのパスタです。日本人は大好きですよね。
名前の由来は、炭焼き職人が仕事の合間に作って食べていたことから
カルボナーラ（炭焼き職人風）。
黒こしょうをたくさん使うのが特徴で、これは炭の上で調理していたため
炭の粉が舞い込んだという状態を再現しているんですよ。
卵、パンチェッタ、チーズ、黒こしょうが主材料ですが、
生クリームを加えるレシピや、卵やチーズの使い方にもバリエーションがあります。
お好きな作り方を見つけてくださいね。

卵感の強い家庭バージョン
全卵で作るカルボナーラ

イタリアの家庭で作られているベーシックなカルボナーラ。本来はこのように全卵だけで作ります。最初に少し泡立てておくとソースがふわっと軽くなり、火が入った時に一気に固まるのを防いでもくれます。カルボナーラはとろりと仕上げるもので、スクランブル状に固めてはいけません。こちらは最後までフライパンの中で和えますが、〈火からはずす〉〈火にかける〉をくり返してゆっくり火を入れるのがコツ。

材料 (2人分)
パスタ (スパゲッティーニ)……160g
　パスタをゆでる水……2ℓ
　パスタをゆでる塩……20g
全卵……2個
ベーコン*……40g
パルミジャーノ……大さじ2〜3
E.V.オリーブオイル……適量
塩、黒こしょう……各適量
*パンチェッタなら、より本格的。

準備
●卵をボウルに割り入れる。
●ベーコンを短冊形に切る。
●ソースは短時間でできるので、パスタ用の湯を沸かして塩を入れ、パスタをゆで始める。

 from Hidaka

カルボナーラは何を隠そう、私がイタリア料理を目指すきっかけになったパスタ料理！　イタリアンレストランでアルバイトをしていた時、食べさせてもらったまかないの中で「毎日食べても飽きない」と感じたのがこれでした。私の人生を決めた料理です。今ではイタリア全土に広まっていますが、もとはローマ一帯の地方料理。当地では、パンチェッタとパルミジャーノではなく、グアンチャーレ (豚のほお肉の塩漬け熟成品) とペコリーノを使うのがスタンダードです。

1 フライパンにE.V.オリーブオイルとベーコンを入れ、中火にかける。熱したら弱火にし、脂分をじんわりと溶かし出すように炒める。

2 パスタのゆで汁、または水少量 (分量外) を1に加えて焼き汁の旨みを溶かし、火を止める。

水分を補っておかないと、卵液を入れた時に一気に固まってしまい、なめらかさが出ません。

3 卵を泡立て器で泡立て、パルミジャーノと黒こしょうを加える (混ぜない)。

細かい泡ができるまで泡立てます。パルミジャーノと黒こしょうを加えた後、すぐに混ぜると泡が消えるので、パスタと和えるまでそのままに。

4 パスタがゆで上がったら、2のフライパンを中火にかける。パスタを入れて混ぜ、ベーコンの旨みをからめる。

5 3の卵液を混ぜ、4のパスタに加える。

6 フライパンを火からはずしたり、火にかけたりをくり返して、何回も混ぜる。味見をして、足りなければ塩をふる。皿に盛り、黒こしょうをたっぷりふる。

ソースの固まり具合をよく見ながら火を入れてください。濃度の強弱はお好みで。

クリーミーなレストランバージョン
卵黄と生クリームで作るカルボナーラ

レストランで作られることの多い方法で、卵黄＋生クリームでとろとろに仕立てます。コクも少し強いです。卵黄はすぐに固まりやすいため、フライパンでは仕上げず、卵黄と生クリームなどを入れたボウルにパンチェッタとパスタを入れ、ボウル内の余熱仕上げにします。時間をかけてしっかり混ぜて、最後に湯せんにかければ、よい加減のとろり感に。

材料（2人分）

パスタ（スパゲッティーニ）……160g
　パスタをゆでる水……2ℓ
　パスタをゆでる塩……20g
卵黄……2個分
生クリーム……40㎖
パンチェッタ……40g
パルミジャーノ……大さじ4
玉ねぎ*（みじん切り）……大さじ2
E.V.オリーブオイル……適量
塩、黒こしょう……各適量

＊玉ねぎはカルボナーラに必須ではないが、初めて食べたまかない料理で加えていたため、思い出の味として入れている。お好みで。

準備

●卵黄をボウルに入れる。

●パンチェッタを棒切りにする。
「アマトリーチェ風ブカティーニ」（→P.26）のパンチェッタよりも細めに。太すぎるとソースのなめらかさを損ねます。

●ソースは短時間でできるので、パスタ用の湯を沸かして塩を入れ、パスタをゆで始める。

●ボウルが入る大きさの鍋に湯せん用の湯を沸かし、布巾を入れておく。パスタのゆで汁を利用してもよい。

1 フライパンにE.V.オリーブオイルとパンチェッタを入れ、中火にかける。熱したら弱火にし、脂分をじんわりと溶かし出す。

パンチェッタの脂の旨みを引き出します。時々混ぜる程度でよく、脂が透明になり、表面が少しカリッとするのを目安にしてください。

2 玉ねぎを加えて炒め合わせる。続けてパスタのゆで汁、または水少量（分量外）を加えて焼き汁の旨みを溶かし、火を止める。

玉ねぎは、パンチェッタの旨みを吸わせるように軽く炒めればOK。

3 ボウルに入れた卵黄に、生クリーム、パルミジャーノ、黒こしょうを加える。すぐに泡立て器で混ぜておく。

4 パスタがゆで上がったら、２のフライパンを中火にかけてパスタを入れる。よく混ぜて、パンチェッタの旨みをからめる。

5 混ぜたパスタを３の卵液に入れ、よく混ぜる。

パスタの余熱を利用して火を入れます。卵液が全体にからむまで、しっかり混ぜましょう。

6 湯せん用の鍋にお湯を沸かしてボウルを浸し、よく混ぜながら火を入れクリーミーに仕上げる。味見をして、足りなければ塩をふる。皿に盛り、黒こしょうをたっぷりふる。

チーズソースのパスタ3種

ゴルゴンゾーラのスパゲッティ
Spaghetti al gorgonzola

青かびチーズのゴルゴンゾーラを生クリームに溶かしてパスタソースにします。
青かびチーズは大好きな人、苦手な人に大きく分かれますが、
パスタソースにすればきっとおいしさに目覚めるはず！
まろやかで軽いソースにするために、決して煮詰めない。
余熱を利用する。これを守ってください。

作り方➡P.54参照

スパゲッティ、カーチョ・エ・ペーペ

Spaghetti a cacio e pepe

「カーチョ」は南イタリアの言葉でチーズのこと。

ローマっ子が大好きなスパゲッティです。

材料はペコリーノと黒こしょうとオリーブオイル。

ペコリーノと黒こしょうは相性が抜群で、

旨みも香りも強いので、たったこれだけで充分においしいのです。

パスタはしっかり噛みしめられる太いものがバランスがよく、

店ではスパゲッティーニ（直径1.6mm）よりもかなり太い

ヴェルミチェッリ（直径2.1mm）を使っています。

作り方➡P.54参照

バターとパルミジャーノのタリオリーニ

Tagliolini al burro e parmigiano

卵入りの手打ちロングパスタをバターとパルミジャーノで和え、
盛りつけ後に黒こしょうを。
乳製品のコクがたっぷりで口あたりがなめらかです。
この組み合わせは北部〜中部でよく食べられているスタイルです。
写真は細いタリオリーニですが、
少し幅広のタリアテッレやフェットチーネでもよいですよ。
卵入りの手打ち麺はシンプルな食べ方がおすすめです。

作り方➡P.55参照

チーズソースのパスタ3種

ゴルゴンゾーラのスパゲッティ

材料 (2人分)
パスタ (スパゲッティーニ) ……160g
　パスタをゆでる水……2ℓ
　パスタをゆでる塩……20g
ゴルゴンゾーラ*……100〜120g
生クリーム……300㎖
パルミジャーノ……大さじ4
塩……適量

*ゴルゴンゾーラは「ピッカンテ」と呼ばれる、青かびの多いタイプ。
*好みで最後にイタリアンパセリをふってもよい。かびのにおいを抑えてくれる。

準備
●ゴルゴンゾーラを2cm角に切る。
大きな塊だと溶けるのに時間がかかります。均一に手早く溶かすために切っておくことがポイント。
●ソースは短時間でできるので、パスタ用の湯を沸かして塩を入れ、パスタをゆで始める。

1 フライパンに生クリームを入れ、中火にかける。全体が泡立つまで沸いたら火を止め、ゴルゴンゾーラを入れる。
パスタがゆで上がる3分ほど前からソースを作り始めます。

2 ひと混ぜして、余熱で溶かす。
混ぜすぎると煮詰まってくるので、自然に溶けるのを待ちます。うっかり煮詰めすぎた場合は、少量の水でのばせば大丈夫。

3 ゆで上がったパスタを入れ、中火にかけてごく軽く煮るようにしてソースをからめる。味を見て、足りなければ塩をふる。火を止め、パルミジャーノを入れて混ぜる。皿に盛る。
ソースが少しシャバッとしているくらいでパスタを入れます。パルミジャーノが入ると水分を吸いますし、くどさのないさらりとしたチーズソースが楽しめます。

 from Hidaka

一般的にペンネで作ることが多いですが、今回のようにロングパスタでもかまいません。お好きなパスタでどうぞ。ゴルゴンゾーラの分量もお好みで増減を。生クリームは味に大きく影響するので、動物性乳脂肪のものを使ってくださいね。乳脂肪分は40%前後あればOKです。

スパゲッティ、カーチョ・エ・ペーペ

材料 (2人分)
パスタ (ヴェルミチェッリ) ……160g
　パスタをゆでる水……2ℓ
　パスタをゆでる塩……20g
黒粒こしょう……10g
ペコリーノ……100g
水……160㎖
E.V.オリーブオイル……適量
塩、黒こしょう……各適量

準備
●黒粒こしょうを包丁の腹で強く押して、粗くつぶす。

●ソースは短時間でできるので、パスタ用の湯を沸かして塩を入れ、パスタをゆで始める。

1 フライパンを中火にかけ、つぶした黒粒こしょうをから煎りして香りと辛みを出す。
パスタがゆで上がる直前にソースを作り始めます。
こしょうを煎らない作り方でもよいです。

2 分量の水とE.V.オリーブオイルを入れて沸かし、塩をふる。

3 ゆで上がったパスタを入れて、何回も混ぜてソースをからめる。火を止め、ペコリーノを加えてさらによく混ぜる。味見をして、足りなければ塩をふる。皿に盛り、ペコリーノ (分量外) と黒こしょうを軽くふる。

 from Hidaka

イタリアは大きく分けると北部がパルミジャーノ、南部はペコリーノの文化圏で、ローマ料理であるこの料理もペコリーノを使うのが基本です。ただ、塩味とコクが強いので、最近はパルミジャーノと半々にして味を和らげる使い方も多くなっていますよ。

バターとパルミジャーノのタリオリーニ

材料 (2人分)
パスタ (タリオリーニ〈右記〉)……220g
　パスタをゆでる水……2ℓ
　パスタをゆでる塩……20g
バター……20〜30g
パルミジャーノ……100g
水……200㎖
塩、黒こしょう……各適量

準備
●バターを小片に切る。
大きな塊で入れると溶けるのに時間がかかり、焦げるところが出てきます。均一に手早く溶かすために切っておくことがポイント。
●ソースは短時間でできるので、パスタ用の湯を沸かして塩を入れ、パスタをゆで始める。

1 フライパンを中火にかけ、分量の水を入れて温める。バターを入れる。
パスタがゆで上がる直前にソースを作り始めます。
バターのみだと焦げやすいので、水分を加えてなめらかなバターソースに。

2 バターが溶け始めたら塩をふる。

3 バターが完全に溶けたら、ゆで上がったパスタを入れて、何回も混ぜてソースをからめる。

4 火を止め、パルミジャーノを入れてさらによく混ぜる。味見をして、足りなければ塩をふる。皿に盛り、パルミジャーノ (分量外) と黒こしょうを軽くふる。

from Hidaka

スパゲッティなどセモリナ粉 (デュラム小麦=硬質小麦の粉) で作る乾燥パスタに比べると、卵入りの手打ちパスタは一般的な小麦粉 (軟質小麦の粉) を卵で練るものが多いので、口あたりがなめらか。レストランでは自家製が多いですが、乾麺になった市販品を利用すれば便利ですよ。

タリオリーニ

卵入りの手打ちパスタも、材料と配合に無数のバリエーションがあります。私の店でも複数のタイプを作っていますが、その中から、古い時代から作られている非常にシンプルな配合をご紹介します。硬すぎず、初心者にも練りやすい生地です。

材料 (作りやすい分量)
中力粉……200g
全卵……2個

1 中力粉と全卵を混ぜ、ひとつの固まりにまとめる。表面がなめらかになるまで、よくこねる。

2 形を整えて球状にし、ラップとポリ袋で包む。冷蔵庫で一晩やすませる。

3 パスタマシン、またはめん棒で生地をのばして厚さ2㎜にする。長さ18㎝の長方形に切り、パスタマシンのタリオリーニ仕様、または包丁で幅3㎜ほどに切り分ける。

イタリア料理のチーズ御三家

奥左から時計回りにパルミジャーノ、ペコリーノ (ペコリーノには種類があり、よく使われるのがペコリーノ・ロマーノ)、ゴルゴンゾーラ。ほかにモッツァレッラがあれば、たいていのイタリア料理をカバーできます。ハードチーズの代表選手パルミジャーノとペコリーノは、それぞれ牛乳製、羊乳製の違いがあり、ペコリーノのほうが旨みと塩味は強いです。家庭ではお好みで混ぜたり、お互いに代用したりでよいと思いますよ。また、パルミジャーノに似たグラーナ・パダーノは風味がまろやかでリーズナブルなので、これもおすすめです。なお、写真のゴルゴンゾーラは料理向きのピッカンテ (辛口) で、水分が少なくて青かびが多くてキリッとした風味。ドルチェ (甘口) は食後のデザートにどうぞ。

郷土のパスタ

今ではイタリア全土に広まり、イタリア人のだれもが食べているパスタ料理も、
ルーツをたどればひとつの町や地域に行きつくことが少なくありません。
また現在でも、その土地でなければ食べられない個性派パスタもたくさんあります。

「イタリア料理は地方料理の集合体」とよくいわれます。日本人から見ると、イタリア人は等しく同じような料理を食べていると思いがちですが、実際は地方ごとにかなり異なります。日本と同じで南北に長く、山あり海ありの地形から土地ごとに産物が異なることや、1861年のイタリア統一までいくつもの独立した都市国家があった歴史から、独自の食文化が各地で育まれてきたからです。パスタももちろん例外ではありません。

ローマ発信の有名パスタ料理

ローマは古代ローマの時代から政治・文化の中心だった都市だけあり、ローマ、あるいはローマを中心とするラツィオ州が発信地となったパスタ料理が多くあります。本書で取り上げている「アマトリーチェ風」「アラビアータ」「カルボナーラ」「カーチョ・エ・ペーペ」などは、今やイタリア全土の国民食のようになっていますが、元はれっきとしたローマのパスタ料理なのです。

最近の例では、日本でもおなじみになった「ケッカ風のスパゲッティ」も。ざく切りの生トマトをバジリコやオリーブオイルで味つけし、温かいスパゲッティに和えたものですが、1970年代に誕生し、あっという間に全国に拡大。イタリアの食も日々新しい歴史が生まれているといえるでしょう。

特産物と結びついて生まれた名物パスタ

「アーリオ・オーリオ」や「アル・ポモドーロ」「ヴォンゴレ」などのスパゲッティはひとつの町に特定されるわけではありませんが、これもルーツは南イタリア一帯です。にんにく、トマト、あさりといった食材が南部を中心に栽培されたり、漁獲されていたりしたことによります。バジリコの産地ジェノヴァでバジリコをたっぷり使った「ジェノヴァペーストのパスタ」が生まれたのも同じですね。

こうした地元の特産物を生かして名物パスタ料理となったものは各地にあります。たとえば、魚介の豊富なナポリの「ペスカトーレ」、シチリアやヴェネツィアなど海沿いの「いか墨のスパゲッティ」、シチリアの「いわしのパスタ」、さらに黒トリュフ産地として有名なウンブリア州ノルチャのトリュフ和えスパゲッティ「ノルチャ風」、ナポリからソレントにかけての「レモン風味のパスタ」などなど、挙げればきりがありません。

地方ごとに異なる手打ちパスタ

実はソースに使う素材だけでなく、パスタ自体も地域性に富んでいます。スパゲッティやマカロニなどの乾麺にしても、ナポリ一帯に大生産地があるように元は南部文化圏のもの。家庭料理としては全国に浸透していますが、レストランではいまだに北部の場合手打ちが主流で、南部では乾麺、手打ちともに供されます。

この手打ちパスタも地域色があり、北部では00タイプの小麦粉（薄力粉に近いもの）が多いですが、南部は乾麺と同じ硬質小麦のセモリナ粉を使うものがほとんどと特徴が分かれます。形状に至ってはロングからショートまで多種多様。

ロングパスタでは、代表的なものにきしめん状の「タリアテッレ」がありますが、これは手打ちパスタ文化の盛んなボローニャなどエミリア＝ロマーニャ州を中心とする00タイプのパスタ。ローマ一帯ではほぼ同じものが「フェットチーネ」という名前になり、00タイプでも作ればセモリナ粉で作ることも。ほかの有名どころでは、南部プーリア州の耳たぶ形「オレッキエッテ」、中部トスカーナ州の太いうどん状のもちもちパスタ「ピーチ」、そして北部ヴェネト州の硬くて太いスパゲッティ状の「ビゴリ」など、全国至るところで地域自慢のパスタがひしめきあっています。

イラストレーション：アサリマユミ

ジェノヴァペーストのリングイーネ

<ruby>リングイーネ<rt>リングイーネ</rt></ruby> <ruby>アル<rt>アル</rt></ruby> <ruby>ペスト<rt>ペスト</rt></ruby> <ruby>ジェノヴェーゼ<rt>ジェノヴェーゼ</rt></ruby>
Linguine al pesto genovese

バジリコをオリーブオイルや松の実などとともにペーストにしたものを
「ジェノヴァペースト」といい、パスタや料理のソースにします。
ジェノヴァ近郊に香りのよい上質なバジリコの産地があることから、このような使い方が生まれたんですね。
パスタに和える時は、断面が楕円形のリングイーネを使うのが伝統的。
スパゲッティよりもソースがよくからみます。
また、じゃがいもとさやいんげんをパスタと一緒にゆでてそのまま和えるのも、昔ながらの方法です。

材料 (2人分)
パスタ (リングイーネ)……160g
　パスタをゆでる水……2ℓ
　パスタをゆでる塩……20g
ジェノヴァペースト (下記)
　……60～80g
じゃがいも……1個
さやいんげん……4～6本
パルミジャーノ……大さじ4
E.V. オリーブオイル……大さじ2

ジェノヴァペースト

材料 (作りやすい分量)
バジリコ……30g
松の実……3g
E.V. オリーブオイル……約50㎖
重曹……ひとつまみ
塩……適量

準備
●松の実をフライパンで煎って香ばしさ
を出す。
●じゃがいもは皮をむき、約1㎝幅の小
片に切る。
●さやいんげんの筋を取り、食べやすい
長さに切る。
●ソースは短時間でできるので、パス
タ用の湯を沸かして塩を入れ、
パスタ、じゃがいも、さやいん
げんをゆで始める→①。

★ジェノヴァペーストの材料には本来、に
んにくとチーズも入れるが、店ではストック
するベースには入れず、料理に使う際に量
を加減しながら加えている。日持ちがよく
なることと、にんにくは好みの違いが大きい
ので加えないこともあるため。また、チーズ
も最初に混ぜておくと熱が加わった時に固
まりやすく、風味もとぶため、料理の最終段
階で入れている。

 **from Hidaka**

ペーストはミルサーなどの電動機器で簡単に作れるようになりましたが、バジリコは金
気のものに当たったり熱が加わったりすると、緑色がくすんで、香りもとびやすくなりま
す。YouTubeではお見せしていませんが、店ではミルサーを使いながら緑色がきれい
に保てる工夫をしています。その秘策とは重曹を使うことなんです。

１ パスタ、じゃがいも、さやいんげ
んをゆで汁に入れて一緒にゆで上
げる。
じゃがいもは少し煮崩れるくらいまでゆで
たほうがソースに濃度がついてパスタとか
らみやすくなり、素朴さも出ます。

２ ジェノヴァペーストを作る。小鍋
に湯を沸かし、塩、重曹、バジリコ
を入れる。

３ 再沸騰したらザルにあけて湯をき
り、氷水に浸ける。粗熱がとれた
ら手で水分を絞り、キッチンペーパーで
挟んでさらに水分をきる。
重曹はアク抜きの働きをし、バジリコの緑
色がきれいに保てます。

４ ミルサーにバジリコ、松の実、
E.V. オリーブオイルを入れ、攪拌
してペーストにする。

５ ボウルにジェノヴァペーストを入
れる。ゆで上がったパスタ、じゃ
がいも、さやいんげんをザルにあけて湯
をきり、ペーストに加える。
ペーストが薄まらないよう、このパスタは湯
をしっかりきってから加えます。
ゆで汁は捨てず、ボウルなどにあけてから
パスタ用の鍋に戻して、⑥で湯せん調理に
使います。

６ ボウルをゆで汁の入った鍋に重ね、
湯せんで温めながら何回も混ぜて
ソースをからめる。E.V. オリーブオイル
を加え混ぜてから、湯せんをはずして最
後にパルミジャーノをふり、よく混ぜて
皿に盛る。
和えながらじゃがいもを少しつぶしてもよ
いです。

シチリアを代表するパスタ料理のひとつで、
なすを揚げてトマトソース和えにします。
シチリアは特産物が多いですが、なすの料理も豊富です。
いちばんのポイントは、なすを小さめに切り、
くたっと柔らかくなるまで色よく揚げること。
トマトソースとなじみがよくなり、おいしさが倍増します。
店でもよくお出ししていますが、とても人気ですよ。

なす、トマト、リコッタのシチリア風スパゲッティ

なす、トマト、リコッタのシチリア風スパゲッティ

Spaghetti alla Norma
スパゲッティ　アッラ　ノルマ

材料 (2人分)
パスタ (スパゲッティーニ) ……160g
　　パスタをゆでる水……2ℓ
　　パスタをゆでる塩……20g
スタンダード版トマトソース (→P.24)
　　……240g
なす……1個
リコッタ……100g
E.V.オリーブオイル……適量
塩……適量
揚げ油……適量

準備
●なすを厚さ 3〜4mmのいちょう切りにする。
小さいほうが柔らかくなり、ソースとよくなじみます。
●ソースを作り始める前に、パスタ用の湯を沸かす。

 from Hidaka

シチリアではもともと穴あきのショートパスタで作られていたようですが、ロングでも合います。また、チーズは塩漬けリコッタをすりおろしてかけるのが現地の伝統ですが、店で使うのはフレッシュのリコッタ。さっぱりさわやかで食べやすくなります。ちなみにイタリア語料理名の「ノルマ」は有名なオペラの題名にして、主役の女性の名前。作曲者がシチリア出身で、郷土愛にあふれた人々が彼に捧げる料理としてこの名前をつけたようです。

1 揚げ油を 180℃に熱し、なすを揚げる。

2 香ばしい色がついたら、キッチンペーパーに取り出して油をきる。すぐに塩をふる。
かなり濃い茶色です。これくらい揚げたほうが旨みと香りが出ますし、口あたりもよいです。仕上がりが油っぽくならないよう、余分な油をしっかりきっておきましょう。
ここでパスタ用の湯に塩を入れ、パスタをゆで始めます。

3 フライパンを中火にかけてトマトソースを入れ、水少量 (分量外) を加えてのばす。

4 ソースが温まったら、揚げなすの半量とリコッタの半量を加えて、軽く混ぜる。
パスタがゆで上がるまで、火を止めておきます。

5 フライパンを中火にかけ、ゆで上がったパスタを入れて、何回も混ぜてソースをからめる。途中でE.V.オリーブオイルも加える。味見をして、足りなければ塩をふる。皿に盛り、残りの揚げなすとリコッタを散らす。

カリカリいわしのスパゲッティ
Spaghetti con le sarde

シチリアでは、特産のいわしとフェンネルで作るパスタソースがとても有名です。

伝統的にはいわしをそぼろ状に炒め、

フェンネルの葉や松の実などと煮込みますが、

ここでは日本のいわしのおいしさを生かして、日本風の味にアレンジしました。

最初に小麦粉をまぶしていわしを焼き、香ばしさを出しておくところが特徴で、

身も細かくせず、少し形を残します。

フェンネルもドライのシードなら簡単に手に入りますし、香りも充分です。

材料（2人分）
パスタ（スパゲッティーニ）……160g
　パスタをゆでる水……2ℓ
　パスタをゆでる塩……20g
いわし……4尾
にんにく（みじん切り→P.19）
　……大さじ1
赤唐辛子（小口切り）……1〜2本分
アンチョビ（フィレ）……2枚
コラトゥーラ（魚醤）……小さじ2
松の実……6〜8g
イタリアンパセリ（粗みじん切り）
　……大さじ1
フェンネルシード……小さじ1〜2
E.V.オリーブオイル……大さじ4〜6
塩、黒こしょう……各適量
薄力粉……適量

準備
●いわしを手開きで三枚におろす。
いわしの頭を落とし、手開きで一枚に開く。中骨をはがし、背びれ、尾びれを切り落として、腹骨をすき取る。背の部分を切り離して二枚にする。

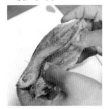

●松の実をフライパンで煎って香ばしさを出す。
●ソースを作り始める前に、パスタ用の湯を沸かす。

 from Hidaka

イタリアには日本のような大型の真いわしが少なく、小ぶりか、アンチョビの原料になる小さいかたくちいわしがほとんど。だから、いわしに小麦粉をまぶして焼くという発想がありません。店では大型いわしを同じように焼いて、バルサミコ酢と蜂蜜でかば焼き風に甘辛く仕立てたこともあります。日本ならではのこんな食べ方もどうぞ、という提案です。

1 いわしに塩をふり、両面に薄力粉をまぶす。

粉の付き方が均一でないと、いわしがきれいに焼けません。まぶした後で、手ではたいて薄い粉の膜にしてください。

2 フライパンにE.V.オリーブオイル（分量の半分）を入れて中火にかけ、油が温まったらいわしの皮面を下にして焼く。

時々へらでいわしを押さえながら焼くと、平らになって均一に香ばしく焼けます。

3 皮面に香ばしい焼き色がついたら裏返し、身の面も同様に焼く。取り出して、約1cm幅の斜め切りにする。

このフライパンを④以降で利用する時は、洗ってください。
ここでパスタ用の湯に塩を入れ、パスタをゆで始めます。

4 フライパンににんにく、赤唐辛子、残りのE.V.オリーブオイルを入れて中火にかける。熱してきたら弱火にし、にんにくが薄く色づき、香りが出てきたら③のいわしを入れて炒める。塩、アンチョビ、コラトゥーラを入れる。へらで軽くつぶしながら炒め合わせる。

5 パスタのゆで汁少量を加えてから、松の実、イタリアンパセリを入れる。

ソースに水分がないとパスタもいわしもパサついてしまうので、ここで水分を補っておきます。
パスタがゆで上がるまで、火を止めておきます。

6 再びフライパンを中火にかけ、ゆで上がったパスタを入れて何回も混ぜてソースをからめる。ミルで挽いたフェンネルシードと黒こしょうをふり、よく混ぜる。味見をして、足りなければ塩をふる。皿に盛ってイタリアンパセリ少量（分量外）をふる。

好みで、レーズンを入れてもよいですよ。

イタリア北東部に、ヴェネツィアを州都とするヴェネト州があります。

海沿いのヴェネツィアから、オーストリアと接する山間地まで南北に長い土地で、

ここには「ビゴリ」と呼ばれる有名なパスタがあります。

最近、日本のレストランでも流行っていますね。

硬めに練ったパスタ生地を独特の圧搾機で

スパゲッティ状に絞り出すのが特徴で、とてもコシが強い。

代表的なソースは鴨のラグーか、アンチョビソースです。

ここではビゴリの代用に弾力のあるブカティーニを半分に折って使い、

シンプルなアンチョビソースを組み合わせてみました。

ブカティーニのアンチョビソース

ブカティーニのアンチョビソース
Bucatini alle acciughe

材料 (2人分)

パスタ (ブカティーニ)……160g
　パスタをゆでる水……2ℓ
　パスタをゆでる塩……20g
アンチョビ (ペースト*)……10g
バター……40g
イタリアンパセリ (みじん切り)
　……適量
塩……適量

＊アンチョビはフィレでもOK。

準備

●バターを小片に切る。
均一に手早く溶かすために、小さく切っておきます。

●ソースは短時間でできるので、パスタ用の湯を沸かして塩を入れ、パスタを半分に折ってゆで始める。

1　ボウルにバター、アンチョビを入れ、パスタのゆで汁少量を加える。
パスタをゆでている鍋にボウルをのせて調理するので、ボウルは鍋と同じサイズのものを使ってください。

2　パスタがゆで上がる1分ほど前に、パスタをゆでている鍋に1をのせて、温めながら混ぜて溶かす。

3　ゆで上がったパスタをザルにあけて湯をきる。
バターソースが薄まらないよう、このパスタは湯をしっかりきって加えます。

4　2のボウルにパスタを入れ、何回も混ぜてソースをからめる。イタリアンパセリと塩をふり、よく混ぜて皿に盛る。

from Hidaka

10年前、オープン20周年記念で「イタリアの郷土料理」をテーマにした時に、このパスタ料理を披露しました。ブカティーニを半分に折って使うアイデアは、ヴェネト州近くの山間地のレストランで修業した際、シェフが自宅に招いてご馳走してくれた時に教わったもの。パスタの使い方の柔軟さと、形を変えたおいしさを発見した体験でした。

ナポリの南にある風光明媚なソレント半島は、
レモン栽培のメッカでもあるんです。
料理や菓子だけでなくパスタ料理にもレモンをふんだんに使う土地柄で、
このスパゲッティでも2人分で1個分の果汁と皮を使ってしまう。
私が現地のレストランで教わったレシピに、
帆立貝をプラスしたリッチな仕立てですが、店でも好評です。
柑橘の香りがさわやかであと口はさっぱり。
作って、食べて、ソレントの風を感じてください。

ソレント風レモンクリームのスパゲッティ

ソレント風レモンクリームのスパゲッティ

Spaghetti al limone
スパゲッティ　アル　リモーネ

材料（2人分）
パスタ（スパゲッティーニ）……160g
　パスタをゆでる水……2ℓ
　パスタをゆでる塩……20g
帆立貝柱……8枚
レモン*……1個
生クリーム……200㎖
パルミジャーノ……40g
E.V.オリーブオイル……小さじ1
塩……適量

＊レモンは、できれば国産の無農薬、ノンワックスを使う。

準備
●レモンは果汁を搾りやすくするために、適宜の大きさに切り分ける。
●ソースは短時間でできるので、パスタ用の湯を沸かして塩を入れ、パスタをゆで始める。

from Hidaka

ソレント一帯には一年中、レモンがたわわに実っています。街を見渡すと、レモンをモチーフにした商品がいっぱい。町のシンボルですね。レストランも、それぞれに工夫してレモンを使ったメニューをたくさん出しています。レモンのパスタは、多くの日本人にも愛される料理だと思いますね。

1 帆立貝柱の両面に塩をふる。フライパンにE.V.オリーブオイルを入れて中火にかけ、熱したら貝柱を香ばしく焼く。裏に返して同様に焼き、取り出して横2枚に切る。
このフライパンを②以降で利用する時は、洗ってください。

2 パスタがゆで上がる2分ほど前に、フライパンに生クリームを入れて塩をふり、中火にかけて沸かす。

3 ゆで上がったパスタと①の貝柱を入れ、混ぜ合わせる。

4 火を止めて、塩、レモン汁、パルミジャーノを加える。
レモン汁は1個分すべての量です。フレッシュな風味を生かすために、火は入れません。

5 何回も混ぜてパスタにソースをからめる。

6 器に盛り、レモンの皮をすりおろしながらかける。
皮も1個分すべて。このくらいかけないと香りが生きません。

チーズのリゾット

具を入れないベーシックのリゾットです。

米は日本米でよいですが、洗わずに炒めるのがルール。

最初に水分を吸わせると、

粘ったり、柔らかくなりすぎたりしますからね。

パスタと同様、歯ごたえのある"アルデンテ"に仕上げるといわれますが、

イタリアでは「こんなに硬くていいの？」と思うものから

頃合いの硬さのものまで、

作る人や地域によりアルデンテもいろいろです。

米粒がつぶれず、粘らず、弾力のある柔らかさを目ざします。

米料理の基本
チーズのリゾット
Risotto al parmigiano
リゾット　アル　パルミジャーノ

材料 (2人分)
米 (日本米*)……150g
玉ねぎ (みじん切り)……1/3個分
白ワイン……70〜80mℓ
ブイヨン*……約800mℓ
バター……20g
パルミジャーノ……大さじ4〜6
E.V. オリーブオイル……適量
塩……適量

＊米の銘柄は好みでよいが、粘りの少ない品種、また新米でないほうがベタつかない。新米を使うなら2〜3分前に仕上げ、逆にイタリア米は水分が少ないので2〜3分長めに。

＊ブイヨンは煮詰めていくので、味の薄いほうが無難。ベジブロスでも。→P.14。

準備
●フライパンは水分が蒸発しやすいので、家庭では深さが7cm以上ある鍋がよい。

●バターを小片に切る。

●ブイヨンを熱くしておく。
冷たいブイヨンを入れると沸くまでに時間がかかるため、米が味を含む前に火が入りすぎ、粘りの原因になります。

from Hidaka

40数年前、調理師専門学校の最初の授業でリゾットを習った時、ごはんをバターとチーズで味つけすることに、正直「気持ち悪い」と思ったものです。でも、今ではすっかり好物に。イタリア人には日本人にとってのお粥のようなもので、食欲のない時にほっとする料理らしいですよ。昔はバターで炒め、最後もバターを混ぜるのが基本でしたが、現代はイタリアでも軽さが求められるようになり、オリーブオイルを使うことも多いです。

1 鍋を中火にかけ、E.V. オリーブオイルと玉ねぎを入れて炒める。火が通ってきたら米を入れて炒める。
米が油でコーティングされ、つややかになればOK。

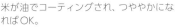

2 白ワインを入れてアルコール分をとばしてから、ブイヨンを米が充分に隠れるまで入れる。弱火にして煮始める。
最初は米同士がくっつくことがないので、あまり混ぜなくても大丈夫です。

3 煮詰まって米が表面に出てきたらブイヨンをひたひたになるまで足し、よく混ぜて煮続ける。この工程を5〜6回くり返す。塩で味をととのえる。
時間にして13〜15分。つねに軽い沸騰状態で煮ます。後半は加えるブイヨンを少しずつ少なめに。ブイヨンは全量を使わなくても大丈夫。

4 煮上がったらバターを入れ、混ぜて溶かす。火を止め、パルミジャーノを入れて空気を抱き込ませるように素早くへらでかき混ぜる。皿に平らに盛る。
空気を入れるように混ぜれば軽くなります。さっぱりが好みなら、パルミジャーノは少なめでも。また、山形ではなく平らに盛るのがリゾットの正統。

きのこたっぷりのリゾット
Risotto ai funghi

店で一番人気のリゾットです。
きのこ以外の素材にも応用できるので、ぜひ習得してくださいね。
きのこは数種類を組み合わせたほうが相乗効果でぐんとおいしくなります。
量も思いきりたくさん入れましょう。
また、イタリアを代表するきのこ、
ポルチーニのドライを加えてみてください。
もどし汁がブイヨン代わりになって、
一気にイタリアの味になりますよ。

材料 (2人分)

米 (日本米) ……120g
玉ねぎ (みじん切り) ……大さじ1
きのこ* (しめじ、エリンギなど)
　……200g
ポルチーニ (ドライ) ……10g
にんにく (みじん切り→P.19)
　……1片分
白ワイン……60㎖
ブイヨン*……約600㎖
バター (きのこ用) ……20g
バター (仕上げ用) ……15g
パルミジャーノ……適量
E.V.オリーブオイル……適量
塩……適量

*しいたけ、マッシュルーム、まいたけでも。
*ブイヨンは煮詰めていくので、味の薄いほうが無難。ベジブロスでも。→P.14。

準備

●フライパンは水分が蒸発しやすいので、家庭では深さが7㎝以上ある鍋で米を煮るのがおすすめ。
●バターを小片に切る。
●ブイヨンを熱くしておく。
●しめじをほぐし、エリンギは長さを半分に切って手でほぐす。
●ポルチーニを水洗いして、ひたひたの量のぬるま湯に15分ほど浸してもどす。水分を絞り、絞り汁はキッチンペーパーでこす。

from Hidaka

玉ねぎ、米、きのこと、順に材料を加えながら炒めていく方法もありますが、きのこは別に炒めておいたほうが断然おいしくできます。しっかり水分がとんで、香りも旨みも充分に引き出せるからです。炒めすぎかなと思うくらいまで炒めるのがコツ。米を煮ている途中でこのきのこを加えて、きのこの風味を吸わせながらさらに煮ます。ここがいちばんのポイント。

1 鍋を中火にかけ、E.V.オリーブオイルと玉ねぎを入れて炒める。火が通ってきたら米を入れて炒める。白ワインを入れてアルコール分をとばしてから、ブイヨンを米が充分に隠れるまで入れる。弱火にして煮始める。
チーズのリゾット (P.69プロセス[1]〜[2]) と同じです。ポイントも参照。

2 フライパンを中火にかけ、E.V.オリーブオイルとバターを入れる。バターがほぼ溶けたらきのこを入れて炒め、表面に火が入ったらポルチーニを加え、さらに炒める。
きのこは一気に油を吸うので、最初は手早く混ぜながら炒めます。

3 きのこから水分が出るので、とばしながらさらに炒める。焼き色がつき、香りが出るまでしっかり炒めたところで、にんにくを加えてさっと炒め合わせ、塩をふる。
にんにくは最後に。きのこを炒める時間が長いので、最初から入れると焦げてしまいます。
火を止めて、米が6〜7割ほど煮えるまで待ちます。

4 [1]の米が、煮詰まって表面に出てきたらブイヨンをひたひたになるまで足し、よく混ぜて煮続ける。この工程を2〜3回くり返し、まだ硬さが残る6〜7割ほどに煮えたら、[3]のきのこを入れる。
きのこを炒めたフライパンに水少量 (分量外) を入れ、火にかけて焼き汁を溶かして、これも米に加えれば旨みを無駄にしません。

5 ポルチーニのもどし汁全量も加え、さらにブイヨンを2〜3回くり返し入れながら煮上げる。塩で味をととのえる。
時間にして13〜15分。つねに軽い沸騰状態で煮ます。後半は加えるブイヨンを少しずつ少なめに。ブイヨンは全量を使わなくても大丈夫。

6 煮上がったら仕上げ用のバターとE.V.オリーブオイル大さじ1〜2を入れて、混ぜる。火を止め、パルミジャーノを入れて空気を抱き込ませるように素早くへらでかき混ぜる。皿に平らに盛る。
空気を入れるように混ぜれば軽くなります。
仕上げのバターとE.V.オリーブオイルは、どちらかひとつでも。

野菜とツナのリーゾ

米と野菜を一緒に柔らかくゆでて、オイルや塩で味つけする
「温製サラダ風」の料理です。
同じ米料理でも、米を"炒めて煮る"と「リゾット」、
"ゆでる"と「リーゾ」と呼び分けます。リーゾはもともとが「米」のことですが、
ゆでて調理したものもそのままリーゾなんです。
リゾットはブイヨンを足しながら煮るのでつきっきりでないといけませんが、
リーゾはゆでっぱなしで、最後に味をつけるだけ。
短時間、手軽、鍋ひとつですむ……家庭では重宝しますよ。
野菜や缶詰など具材の使い方は自由ですから、アレンジを楽しんでください。

野菜とツナのリーゾ

Riso bollito con verdura e tonno
リーゾ　ボッリート　コン　ヴェルドゥーラ　エ　トンノ

材料（2人分）

米*（日本米）……80g
　米をゆでる水……2ℓ
　米をゆでる塩……20g
キャベツ……2枚
なす……1本
ブロッコリ……小1/4株
グリーンピース……20g
トマト……1個
ツナ*（缶詰）……約100g
E.V.オリーブオイル……適量
塩、黒こしょう……各適量

*水分の多い新米は粘りが出るので、リゾット同様、避けたほうがよい。
*ツナは「ソリッド」と呼ばれるブロックタイプがおすすめ。

準備

●キャベツ、なす、ブロッコリはひと口サイズに切る。トマトは皮を湯むきにして、さいの目切りに。
切り方は自由ですが、米となじむように大きすぎないことがポイント。
●ツナは汁気をきっておく。

 from Hidaka

イタリアでは米をたくさん食べますが、日本と違うのは主食ではなく、野菜のひとつという感覚。有名な「インサラータ・ディ・リーゾ」（冷製の米のサラダ）もそうですが、ゆでて野菜などと混ぜて味つけする調理法が多いです。リーゾはレストラン料理としても出されますが、私はまかないや休日によく作って食べていましたね。さっぱりしていて、野菜もたっぷりで、栄養が豊富にとれるところがいいです。ゆでたての温かいものを食べてくださいね。

1 鍋に米をゆでる湯を沸かし、塩を入れる。米を入れて約13分間ゆでる。

13分はアルデンテのゆで加減。柔らかすぎるよりも、アルデンテのほうがリーゾには合います。
米は、入れてすぐは鍋底にくっつきやすいのでかき混ぜてください。

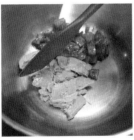

2 大きなボウルにトマトとツナを入れておく。

3 米をゆで始めてから5分後に、ブロッコリとグリーンピースを加える。さらに4分後に、キャベツとなすを加えて一緒にゆで上げる。

4 ③をザルにあけて湯をきる。

水っぽくならないよう、しっかり湯をきりましょう。

5 米と野菜をすべて②のボウルに入れる。

6 塩、黒こしょう、E.V.オリーブオイルを加えてよく混ぜ、皿に盛る。

E.V.オリーブオイルはたっぷりかけたほうがおいしいです。レモン汁の酸味を加えてもよさそう。

トマトソースのリーゾ

Riso bollito al pomodoro

こちらはゆで野菜を使わず、
トマトソースとチーズとオイルだけで味つけする、
シンプルの極みのリーゾです。
オリーブオイルはかなりの量をかけますが、
上質なものならオイリーには感じませんよ。

材料（2人分）
米……100g
　米をゆでる水……1ℓ
　米をゆでる塩……10g
スタンダード版トマトソース（→P.24）
　……200mℓ
パルミジャーノ……適量
E.V. オリーブオイル……大さじ2

3 米がゆで上がったら、ザルにあけて湯をきる。

水っぽくならないよう、しっかり湯をきりましょう。

1 鍋に米をゆでる湯を沸かし、塩を入れる。米を入れて約13分間ゆでる。

米は、入れてすぐは鍋底にくっつきやすいのでかき混ぜてください。

4 皿にゆで米を盛り、2 のトマトソースを温めてかける。

2 フライパンを中火にかけ、トマトソースと水少量（分量外）を入れてのばしながら温める。

米がゆで上がるまで、火を止めておきます。

5 パルミジャーノをふり、E.V. オリーブオイルをたっぷりと回しかける。

ワインがすすむ
いちおしレシピ

2

同割りのゆでじゃがいもとミックスチーズを混ぜながら、
円盤状にカリッと焼き上げる料理です。フリッコ (Fricco) ともいいます。
オーストリアに近い北部の山岳地の郷土料理で、"素朴でおいしい"の典型ですね。
外側が香ばしく、中はねっとり柔らかの好対照がたまらず、焼かれたチーズの風味も最高です。
Chef Ropia (シェフ ロピア) さんのYouTube チャンネルで
私がコラボレーションした料理のなかで、ナンバーワンの再生回数！
店に来られるお客さまのオーダーもいちばん多い、超人気メニューですよ。

じゃがいもとチーズのカリカリ焼き

じゃがいもとチーズのカリカリ焼き
Frico
フリコ

材料（2人分）
じゃがいも……200g
ミックスチーズ*……200g
玉ねぎのソッフリット*（→P.24）
　……10g

*ミックスチーズはお好みで。店で使って
いるのは、エダム、タレッジョ、フォンティー
ナ、プロヴォローネをおろして混ぜたもの。
パルミジャーノやゴルゴンゾーラなどもお
すすめ。
*玉ねぎを省略する方法でもOK。

準備
●じゃがいもを皮付きのまま、柔らかく
なるまでゆでて皮をむく。

硬さを残さず、簡単に崩れる柔らかさに。蒸
したり、電子レンジ調理でもよいです。

1 ゆでたじゃがいもを粗い目のチー
ズおろし器でおろす。

鬼おろしや、マッシャー、フォークなどでつ
ぶす方法でもOK。

2 小型のフライパンに玉ねぎのソッ
フリット、じゃがいも、ミックス
チーズを重ね入れてやや強めの中火にか
ける。

弱火だと、生地がまとまる前にチーズが溶
け出して焼きにくくなります。

4 生地がつながってきたら、縁をへ
らで押さえて整えながら、平らに
して焼き色をつける。

フライパンをふって生地をゆり動かしなが
ら焼くと、焦げついたり形が崩れたりしませ
ん。

5 裏に返して同様に焼く。このあと
も、裏に返して焼く工程を何回も
くり返して、両面とも濃い焼き色をつけ
てカリカリに仕上げる。

 from Hidaka

〈いも、チーズ、カリカリ食感〉のワードは
日本人の食欲に刺さるようですね。生地
が軟らかく粘るので裏返しがむずかしい
ですが、小さめのフライパンを使い、練
り合わせながら生地をまとめていけばう
まくできるはずです。たとえきれいな形
にならなくても、チーズが溶けてじゃが
いもが温まれば、それで充分においしい。
形や焼き加減は気にせずに、何度も試し
てください。

3 へらで混ぜたり、練ったり、部分
的に裏に返したりをくり返して生
地をまとめていく。

溶けてくるチーズをじゃがいもにからめる
ようにしてまとめます。休みなく生地をいじ
るのが、きれいに焼くコツ。火加減は生地の
状態を見て随時調整を。

野菜をおいしく食べるにんにくソース
バーニャカウダ
Bagna cauda
バーニャ　カウダ

料理名の意味は「温かいソース」。
にんにく、アンチョビ、オリーブオイルを
ペースト状にした温かいソースで、野菜につけながら食べます。
イタリア北西部ピエモンテ州の郷土料理で、
ここはアルプスの麓ですから秋冬はとても寒い。
農家の人たちが、体を温めながら
野菜をおいしく食べようと考え出した方法なんですね。
成り立ちからすれば、
本来は秋冬野菜を食べる料理ですが、
日本でなら季節を問わず
いろいろな野菜で楽しみましょう。

材料（2人分）
にんにく……1房（60g）
アンチョビ（フィレ*）……60g
牛乳……適量
水……適量
E.V. オリーブオイル……約200㎖
＊アンチョビはペースト製品でも。

野菜……適量
　パプリカ、紅芯大根、にんじん、ラディッ
　キオ、ミニトマト、じゃがいも、スナッ
　プえんどう、れんこん、コールラビな
　ど、色、形、食感、味の変化をつけてお
　好みで。
塩……適量

準備
●にんにくは皮をすべてむき、縦に2等
分して芯を取り除く。
●じゃがいも、スナップえんどう、れんこ
んは柔らかく塩ゆでする。パプリカは生
のままでも、焼いて皮をむいたものでも。
大きな野菜は食べやすいサイズに切り分
ける。

1 鍋ににんにくを入れ、牛乳と水を
ほぼ同量で入れてひたひたにする。
強火にかけて沸騰したらザルでこす。

2 ①の工程をあと2回くり返す。

牛乳で煮ると、にんにくの臭みが抜け、旨み
だけが残ります。3回目にもし硬さが残っ
ていたら、少し煮てください。

3 にんにくの水気をきって裏ごしに
かけ、続けてアンチョビも裏ごし
する。

なめらかさには少し欠けますが、すりこ木で
つぶしたり、包丁で細かくたたく手抜き法
でもOK。

4 鍋に③を入れ、E.V. オリーブオイ
ルを加えて弱火にかける。へらで
混ぜながら、柔らかなペースト状になる
まで火を入れる。

ペーストがふつふつと沸いて、温かくなれ
ばでき上がり。

5 専用ポットに入れ、別の器に野菜
を盛り合わせる。

専用ポットの場合は、ロウソクの火で温めま
す。チーズフォンデュ用ポットでも。なけれ
ば器に盛って温かいうちに食べましょう。

 from Hidaka

イタリアの端っこの州の郷土料理なので、
イタリア人全員が知っているわけでも、
食べているわけでもない料理です。おそ
らく本場イタリアより、日本のほうが広
く知られていると思いますね。ご紹介し
たレシピは店で作っている現代風のも
の。オーソドックスな方法では、にんにく
を水でゆでこぼし、バターで炒めて生ク
リームも少し加えるので、マイルドです
が、乳製品のコクが加わって少し重いで
す。作るたびに配合や材料をいろいろ変
えてみると楽しいですよ。

種類も質も充実の国産イタリア野菜

イタリア野菜にチャレンジしている農家は、国内
にたくさんあります。レストランにとっては、質の
よい新鮮なものを手に入れられるのでありがたい
存在。私が長くおつきあいしているのは山形県の
「かほくイタリア野菜研究会」で、町の活性化を目
ざして地域ぐるみでイタリア野菜に取り組み、60
品目あまりを手がけています。私自身も栽培上の
提言をしたり、料理講習会を開いたりと交流を続
ける仲。「野菜の王様」といわれるチコリの一種、
ラディッキオ・トレヴィーゾ・タルディーヴォ（写
真右）を栽培の中心に据えるなど、意欲的に活動し
ています。＊かほくイタリア野菜研究会 https://
kahoku-italia-yasai.com/

パンが主役のサラダです。パンを水に浸して柔らかくもどし、
水分をきってそぼろ状にして生野菜と合わせます。
意外な組み合わせですが、見方を変えれば野菜のサンドウィッチ。
とくに蒸し暑い気候の日本の夏におすすめですよ。
今回使っている野菜は基本形ですが、
ゆでたブロッコリ、カリフラワー、ズッキーニなどを使っても。
さらにアレンジして、魚介や鶏胸肉をゆでたものや、
缶詰のツナなどを合わせれば、メインディッシュにもなります。

パンと野菜のサラダ、トスカーナ風

パンと野菜のサラダ、トスカーナ風
Panzanella
パンツァネッラ

材料 (3〜4人分)
バゲット*……2/3本
フルーツトマト……3個
赤玉ねぎ……1/2個
きゅうり……1と1/2本
セロリ……2枝
黒オリーブ (種なし)……8〜12個
バジリコ……2枝
赤ワインヴィネガー*……約100mℓ
E.V. オリーブオイル……約100mℓ
塩、黒こしょう……各適量

*ほかにバタール、カンパーニュなどハード系のパンが向いている。
*赤ワインヴィネガーは香りが豊かですが、なければ白ワインヴィネガーや米酢で代用しても。

準備
●フルーツトマトの皮を湯むきにする。

from Hidaka

イタリアでの修業中、大量のパンを水に浸ける工程を初めて見た時は「この先、どうなるんだ?!」とびっくりでした。それまで、パンの再利用といえばパン粉やハンバーグのつなぎくらいしか知りませんでしたから。この料理は、硬くなったパンの有効利用に考え出されたトスカーナの郷土料理ですが、おいしい料理に変身させる知恵には感嘆です。硬くなったパンでなくても、買いたて、焼きたてのパンで作っても問題ありませんよ。

1 バゲットを幅 2cmほどに切り、水に浸して 10分間くらいおく。
小さく切ったほうが水のしみ込みが早いので、さらに半割りにしても。皮が柔らかくなるまで浸してください。

2 野菜をすべてひと口大に切り、黒オリーブは半分に切る。赤玉ねぎ、きゅうり、セロリなど硬い野菜はボウルに合わせ、塩でもんで、しばらくおく。
通常の塩もみの塩加減で。これが料理の塩味のベースになります。

3 野菜の水分が出てきたら、キッチンペーパーで挟んで押さえ、水分を拭く。
必須の工程ではないですが、水分を残したままパンと合わせると仕上がりがベチャッとするので、おすすめします。

4 ①のバゲットの水分を手で強く絞って大きなボウルに入れ、泡立て器でたたいて細かくつぶす。
水分の絞り方が足りないと味がぼけるので、しっかり絞ってください。

5 ③の野菜とフルーツトマト、黒オリーブを加え、塩、黒こしょう、E.V. オリーブオイル、赤ワインヴィネガーで味をつける。へらでよく混ぜる。
塩味と酸味は、強めにきかせたほうがおいしいです。

6 バジリコをせん切りにして加え、さらに混ぜる。好みの器に盛る。
パンがおから状になって野菜にからんでいるのがよいでき上がり。

私がイタリアでいちばん惚れ込み、店名にもした看板料理です。
本来は魚を一尾丸ごとで調理しますが、
家庭向けには作りやすいよう切り身魚で作る方法もおすすめしています。
ただし、だしがよく出るように骨付き、皮付きです。
オリーブオイルで香ばしくソテーして、殻付きあさりとセミドライトマトと水だけで煮込む、
シンプルながらとてつもなく味わい深い魚料理です。
白ワインもブイヨンも使いません。素材の力を感じられる逸品です。

切り身魚のアクアパッツァ

切り身魚のアクアパッツァ
Pesce all'acqua pazza
ペッシェ　アッラックア　パッツァ

材料 (2人分)

白身魚* (真鯛、すずきなど)
　……2切れ (240g)
セミドライトマト (→P.10)……12個
あさり (殻付き)……8個
あさりのブロード* (→P.14)……100㎖
水……適量
イタリアンパセリ (みじん切り*)
　……10g
E.V.オリーブオイル……適量
塩……適量

*金目鯛、めばる、かれいや、あじなどの青
魚でもよい。できれば皮付き、骨付きで。
*あさりのブロードが用意できない時は、あ
さりと水の分量を多めにして作ってもよい。
*イタリアンパセリは風味をしっかりきか
せるために、かなり細かいみじん切りに。

準備

●あさりを塩水 (食塩濃度3%) に2時
間ほど浸けて、砂抜きする。

 from Hidaka

私が「アクアパッツァ」をオープンした
30年前、日本ではまったく知られていな
かったこの料理が、今やテレビCMでも
たびたび登場するまでになりました。日
本でよく知られたイタリア魚料理のナ
ンバーワンにおし上げた、と自負してい
ます。これも元はナポリ一帯の漁師料理
ですから、イタリア人でも知っているの
は地元の人くらいかも。たぶん日本での
ほうが有名でしょうね。また私のアクア
パッツァは、日本人の味覚に合わせてア
レンジした調理法。魚をしっかり焼いて
香ばしさを出し、旨みの強いあさりを加
えて、よりおいしさを高めています。

1 魚の両面に塩をふる。フライパン
にE.V.オリーブオイルをひいて中
火にかけ、熱したら魚の皮を下にして入
れる。身がそらないように、時々へらで
押さえながら皮面を均一に焼く。香ばし
い焼き色がついたら裏に返す。
皮面の香ばしさがおいしさの決め手になり
ます。

2 水とあさりのブロードを入れ、沸
騰させる。
魚の厚みの半分弱くらいまで水分を入れま
す。強火で煮て水分が足りなくなったら水
を足す、という工程をくり返してください。

3 煮ている間は沸騰状態を保ち、煮
汁をすくって魚にかけながら煮る。
煮汁をかけ続けるのは魚の表面を乾かさず、
煮汁の旨みをしみ込ませるのが目的。魚に
ほぼ火が入るまで数分間煮ます。

4 あさりを入れ、殻が開いたらセミ
ドライトマトを入れて1～2分煮
る。この間も魚に煮汁をかけ続ける。
ここでも煮汁が少なく煮詰まっているよう
なら、水少量を足してください。

5 E.V.オリーブオイルをたっぷり回
しかける。
このオイルの量もおいしさを左右します。
鍋に残った水分量の1/3くらいを目安に。

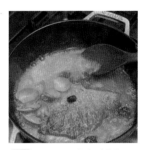

6 オイルと煮汁が乳化するまで約2
分間、くり返し魚に煮汁をかけ続
ける。最後にイタリアンパセリをふる。
煮上がった時にも煮汁がしっかり残ってい
る水分量がよいです。

シチリア島は海で囲まれているので魚介が豊富な土地ですが、

いわし、まぐろと並ぶ代表的な魚がめかじき。調理法のバリエーションも多いです。

この料理はソテーしためかじきを白ワインで煮立てて酸味とコクのあるソースを作り、

トマト、玉ねぎ、シチリア特産のケイパーの旨みや甘みを含ませたもの。

白ワインの思い切った量の使い方がポイントで、さわやかな仕上がりです。

夏場や食欲のない時でもすっきりと食べられますよ。

鶏肉にも合う調理法だと思いますね。

めかじきの"食いしん坊風"

めかじきの"食いしん坊風"

Pesce spada in padella alla ghiotta
ペッシェ スパダ イン パデッラ アッラ ギヨッタ

材料 (2人分)
めかじき……2切れ (360g)
フルーツトマト……2個
玉ねぎ (みじん切り)……小1/2個分
ケイパー (酢漬け)……大さじ4
白ワイン……200mℓ
イタリアンパセリ (粗みじん切り)
　　……ふたつまみ
E.V.オリーブオイル……適量
塩、黒こしょう……各適量

準備
●フルーツトマトの皮を湯むきにし、種を取って1cm角に切る。

from Hidaka

私の大好きなシチリアの離れ小島のひとつ、リーパリ島のレストラン「フィリッピーノ」で教わった料理です。ここで働いた2カ月間で、魚介をおいしく食べるシチリア人の知恵をたくさん学びました。大胆で、それでいて素材の持ち味をしっかり生かす調理法は北イタリアにはありません。醤油ベースがほとんどの日本の魚料理と比べても調味法が実に豊かで、毎日食べ続けても飽きない！と感じたものです。

1 めかじきの両面に塩、黒こしょうをふる。フライパンにE.V.オリーブオイルを入れて中火にかけ、熱したらめかじきを入れてきつね色に香ばしく焼く。裏に返して同様に焼く。

2 フライパンにたまっている油脂分をキッチンペーパーで拭き取り、白ワインを注ぐ。

めかじきからも脂が出るので、油脂分をきれいに除いたほうが油っぽい仕上がりになりません。ワインは一気にアルコール分が蒸発します。

3 玉ねぎを入れ、沸騰させて軽く煮る。

玉ねぎに火を入れて旨みを引き出します。

4 ケイパーを加えて、めかじきに煮汁をかけながらしばらく煮る。

5 フルーツトマトを加え、煮汁をかけながら煮る。

ケイパーとトマトは時間差で入れて、風味を煮汁とめかじきに含ませます。

6 トマトが煮崩れて煮汁に濃度がつくまで、めかじきに煮汁をかけながら煮る。ソースの味見をして塩でととのえる。仕上げにE.V.オリーブオイル、イタリアンパセリをかける。

鶏もも肉のソテー、
ワインヴィネガー風味

Coscia di pollo in padella all'aceto

酸味のきいたさわやかな鶏もも肉の煮込みです。

香ばしく焼いた鶏肉に白ワインヴィネガーをかけて煮詰める、

という工程を3回くらいくり返し、

酢の酸味をまろやかにしながら旨みを凝縮させる

──ここが味のかなめです。

ワインヴィネガーがなければ、米酢でもかまいませんよ。

今回はレモン汁をきかせた粉ふきいもを付け合わせていますが、

酸味と酸味のコラボで、夏の暑い時季におすすめです。

作り方➡ P.88～89参照

鶏もも肉のソテー、ワインヴィネガー風味

材料（2人分）
鶏もも肉……2枚
セージ*……4～6枚
ローズマリー*……1枝
白ワインヴィネガー……70～100㎖
E.V. オリーブオイル……適量
塩、黒こしょう……各適量

*ハーブはドライでも。セージ、ローズマリー以外のハーブを加えてもよい。

準備

●鶏もも肉の筋を包丁で切り、2枚に切り分ける。
筋を切っておけば肉が縮みにくいので、きれいに焼けます。

●セージとローズマリーの葉を一緒にみじん切りにする。
ローズマリーは先端から根元に向かって指でしごくと、簡単に軸から葉が離れます。

from Hidaka

料理にワインは多用しますが、ヴィネガーだけを使うのは珍しいでしょう。実はイタリアだけでなく、フランスにも同じような調理法があります。美食の町リヨンの有名な郷土料理で、鶏肉を赤ワインヴィネガーで煮込んだもの。ルーツは違いますが、おいしい料理の追求には共通するものがあるんでしょうね。作り方は簡単ですから、ぜひトライしてください。YouTubeの「ACQUA PAZZAチャンネル」を見て「この料理を作ったら、おいしかったので」と来店してくださるお客さまが本当に多いです。

1 鶏もも肉に塩、黒こしょうをふる。フライパンにE.V. オリーブオイルをひいて中火にかけ、熱したら鶏肉の皮を下にして入れる。弱火にし、トングやへらで押し付けながら、皮がカリカリになるまで焼く。
10～15分かけて皮をしっかり焼いておくと、おいしさがまったく違ってきます。余分な脂も抜けます。

2 フライパンにたまった油脂分をキッチンペーパーで拭き取る。

3 鶏肉を裏に返して、肉の面も焼く。
こちらは軽く焼くだけでOK。

4 皮の面にセージとローズマリーのみじん切りをまぶし、白ワインヴィネガーの1/3量（約大さじ2）をかけて煮詰める。
ヴィネガーは煮詰めていくうちに酸味がほどよくとび、旨みが出てまろやかに。

5 残りの白ワインヴィネガーも2回に分けて加え、そのつど煮詰める。

6 鶏肉を返しながら煮汁をよくからませてでき上がり。粉ふきいも（右ページ参照）などとともに皿に盛る。

粉ふきいも

ふつうに粉ふきいもを作ったあと、レモン汁とオイルをからませます。

材料（2人分）
じゃがいも……2個
レモン汁……少量
E.V.オリーブオイル……適量
イタリアンパセリ（粗みじん切り）
　　……適量
塩……適量

準備
●じゃがいもの皮をむき、2～3cm大に切る。

1 じゃがいもを塩ゆでし、竹串がスッと入る柔らかさにする。
煮崩れる少し手前の柔らかさです。

2 ザルにあけて湯をきり、じゃがいもを鍋に戻す。火にかけて余分な水分をとばし、蓋をして鍋をゆすって粉ふきいもにする。

3 塩、レモン汁、E.V.オリーブオイルをかけ、へらで混ぜる。

4 最後にイタリアンパセリをふり、混ぜる。

オーガニックレストランへの取り組み

世の中のオーガニック志向の高まりを受けて、「アクアパッツァ」も2020年にJAS規格のひとつである〈オーガニックレストラン〉の認証を受けました。一皿に80％以上のオーガニック規格品を使った料理、ドリンクを何品目か提供していることが条件です。規格品は野菜、肉類、ワイン・ジュースなどですが、このうち、野菜は、無化学肥料、減農薬栽培の「特別栽培農産物」70種類あまりを手がける埼玉県のチャヴィペルトさんから多くを仕入れています。身体によいだけでなく、味も香りもすぐれていて、野菜を多用する当店のメニュー作りに欠かせない存在です。
＊チャヴィペルト http://www.chavipelto.co.jp/

鶏肉のマルサラ風味

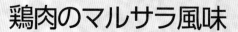
Pollo al Marsala

開設しているYouTubeの「ACQUA PAZZA チャンネル」で
マルサラを使った料理をいくつか紹介するうちに、
マルサラの使い方をもっと知ってもらおうと応用編として考えた料理です。
鶏肉と季節の野菜——撮影時は冬だったので旬のごぼうを使い、
それぞれを炒めてマルサラをなみなみと注いで煮込んでいます。
贅沢な使い方ですが、それだけのことはあるリッチ感！
フォン・ド・ヴォーを加えると、よりおいしさが安定します。

材料（2人分）
鶏もも肉*……2枚
ごぼう……1本
マルサラ……200ml
フォン・ド・ヴォー*……大さじ2
バター……20g
E.V.オリーブオイル……適量
塩、黒こしょう……各適量

＊鶏肉は胸肉でも。
＊フォン・ド・ヴォーは缶詰、ペースト、ルウなどを。

準備
●鶏もも肉の筋を包丁で切る。
●ごぼうの皮をきれいに水洗いし、長さ5cmに切って縦に2等分する。
●バターを小片に切る。

ごぼうのピュレ

ごぼうだけで作る風味いっぱいのピュレ。
余裕があれば付け合わせにどうぞ。

材料
ごぼう……1本
E.V.オリーブオイル……適量
塩……適量

1 皮をきれいに洗ったごぼうを幅5cmくらいの小口切りにし、鍋に入れてE.V.オリーブオイルで炒める。塩をふり、弱火にして蓋をし、ごぼうの水分で蒸し煮にする。途中で水分が足りなくなれば適宜水を少量（分量外）加える。

2 ごぼうが柔らかくなったらミキサーに入れて攪拌し、ピュレにする。鍋に戻して温め、塩で味をととのえる。

1 鶏もも肉に塩、黒こしょうをふる。フライパンにE.V.オリーブオイルをひいて中火にかけ、熱したら鶏肉の皮を下にして入れる。弱火にし、トングやへらで押し付けながら、皮がカリカリになるまで10〜15分かけて焼く。フライパンにたまった油脂分をキッチンペーパーで拭き取り、鶏肉を裏に返して軽く焼く。②のごぼうを並行して調理します。
鶏肉に薄力粉をまぶして焼くと、焼き色やソースのとろみがつきやすくなります。お好みで。

2 鍋にE.V.オリーブオイルをひいて中火にかけ、熱したらごぼうを入れて炒める。塩をふり、少し焼き色がついたら、マルサラを入れてしばらく煮詰めてアルコール分をとばす。
アルコール度数の高いマルサラをたくさん入れると、フライパンでは火が入って炎が立ちやすくなります。家庭では高さが8cmほどある鍋を使い、いったん火を止めてマルサラを入れるとよいでしょう。

3 鶏肉のフライパンに②のごぼうと煮汁を入れる。ごぼうを炒めた鍋に水少量（分量外）を入れて鍋底の旨みを溶かし、これも鶏肉に加える。

4 ③に蓋をして、弱火で煮込む。途中で肉を裏に返し、ごぼうが柔らかくなるまで約15分間煮る。

5 フォン・ド・ヴォーを入れ、マルサラも好みで少量（分量外）を加えて、鶏肉に煮汁をかけながら軽く煮る。煮汁の味見をして、塩でととのえる。
仕上げ間際にもマルサラを入れると、火入れが少ない分、風味が残ります。

6 バターを加え、煮汁をかけながら軽く火を入れてでき上がり。皿にごぼうのピュレ（左記参照）をおき、鶏肉とごぼうをソースごと盛る。

 **from Hidaka**

マルサラは産地であるシチリアの町の名前をつけたワイン。ポルトガルのポルト、マデイラ、スペインのシェリーと同様に酒精強化しており、ふつうのワインよりアルコール度数が高くて、香りやコクも強いです。料理だけでなく、「ザバイオーネとフルーツ」（→P.121）や「ティラミス」（→P.124）などドルチェでも使う場面が多く、もちろんそのまま飲んでもおいしい。ぜひ揃えてくださいね。

豚肉ときのこのマルサラ風味

イタリア料理を学び始めた頃の、思い出の料理です。

東京・銀座にあった「りすとらんて・はなだ」で、

シェフのルイジ・フィダンザさんが作っていたもので、初めて食べた時に

「なんておいしい料理なんだ！」と感激したことが忘れられません。

きのこのソテーにマルサラをたっぷり入れて煮詰め、

別にソテーした薄切り肉と合わせて軽く煮込む。

とてつもなく風味のよいソースで、

私のマルサラ料理のベースになっています。

豚肉ときのこのマルサラ風味

スカロッピーネ アル マルサーラ コン フンギ
Scaloppine al Marsala con funghi

材料 (2人分)

豚ロース肉 (しょうが焼き用)
　……6枚(240g)
しめじ*……200g
マルサラ……200㎖
フォン・ド・ヴォー*……大さじ2
バター (仕上げ用)……20g
イタリアンパセリ (粗みじん切り)
　……ふたつまみ
E.V.オリーブオイル……適量
バター (きのこソテー用)……適量
塩、黒こしょう……各適量
薄力粉……適量

*きのこは自由に。エリンギ、しいたけ、まいたけ、えのきたけでも。
*フォン・ド・ヴォーは缶詰、ペースト、ルウなどを。

準備

●豚ロース肉が縮まないよう、脂身の部分に数カ所切り目を入れる。
●しめじの石突きを切り落とし、ほぐす。
●バターを小片に切る。

from Hidaka

「りすとらんて・はなだ」では「仔牛のエスカロップ (薄切り)、きのこ入りのマルサラ酒ソース」の料理名で出していたように、本来は仔牛料理です。当時の日本は仔牛が流通しておらず、成牛と仔牛の中間くらいのものを使っていたと記憶しています。薄切りといっても、少し厚めに切った肉を肉たたきでたたいて薄くするのですが、それがイタリア流。今はレストランなら仔牛を使えるようになりましたが、家庭でなら豚ロース肉で代用を。「しょうが焼き用」の豚肉を使えば、たたきのばさなくても、仔牛肉に近い食感になることに、YouTubeを始めたことで気づきました。

1 鍋にE.V.オリーブオイルとバターを入れて中火にかけ、バターが溶け始めたらきのこを入れて手早く炒める。途中で塩をふり、水分をとばしながら香りが立つまで炒める。

油脂はオイルのみ、バターのみでも。きのこは油を吸いやすいですが、熱した鍋に入れて手早く炒めれば油っぽくなりませんよ。次の工程でアルコール度数の高いマルサラをたくさん入れると、フライパンでは火が入って炎が立ちやすくなります。家庭では高さが8㎝ほどある鍋を使ってください。

2 いったん火を止めてマルサラを入れ、しばらく煮詰めてアルコール分をとばす。フォン・ド・ヴォーも加えて混ぜる。

ここで火を止めておきます。

3 豚肉の両面に塩、黒こしょうをふって、薄力粉をまぶし、手ではたいて余分な粉を落とす。

4 フライパンにE.V.オリーブオイルをひいて中火にかけ、熱したら豚肉を入れて焼く。薄く色づいたら、裏に返して同様に焼く。

ここで、豚肉にもマルサラを少量かけて風味をつけるのもよしです。

5 ②のきのこソースを中火にかけ、①の豚肉を入れる。

豚肉のフライパンにきのこソースを入れてもOK。

6 水分が足りなければ、水少量 (分量外) を入れて煮汁をのばし、きのこと煮汁を豚肉にからめながら煮る。途中で塩をふって味をととのえる。仕上げにバターとイタリアンパセリを入れて混ぜ、皿に盛る。

本来は仔牛肉で作る料理です。
たたいて薄くした肉にセージと生ハムをのせてソテーし、
フォン・ド・ヴォーベースのソースをかける。
私がイタリアへ渡る前から、日本のイタリアンの店ではどこでも出していました。
古典料理のひとつですが、改めて作ってみると簡単でおいしい。
家庭でなら、これも「しょうが焼き用」の豚肉で代用するとよいです。
旨みの強い生ハムが味のアクセントになります。

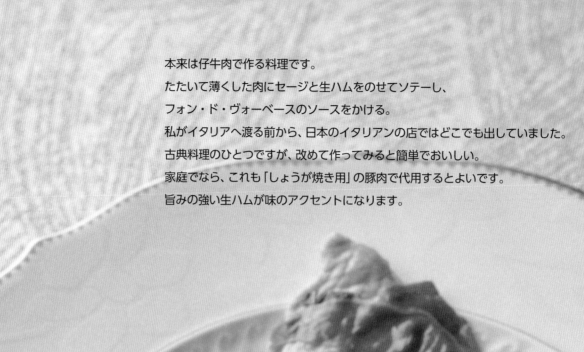

ローマ風サルティンボッカ

ローマ風サルティンボッカ
Saltimbocca alla romana

材料（2人分）
豚ロース肉（しょうが焼き用）
　……6枚（240g）
セージ……4枚
生ハム（薄切り）……6枚
白ワイン……120㎖
フォン・ド・ヴォー*……大さじ2
バター……40g
レモンの輪切り……4枚
E.V. オリーブオイル……適量
薄力粉……適量
塩……適量
＊フォン・ド・ヴォーは缶詰、レトルト、ルウなどを。

準備
●豚ロース肉の脂身の部分に数カ所切り目を入れる。
●セージを細かく切る。
●バターを小片に切る。
●レモンの輪切りは中心から切り込みをひとつ入れ、ねじる。

from Hidaka

渡伊前に働いていた東京・銀座の「りすとらんて・はなだ」では、「仔牛のエスカロップ、きのこ入りのマルサラ酒ソース」（→P.92）と同様、サルティンボッカもよく作っていました。これも仔牛肉の代わりに成牛と仔牛の中間くらいのものを使っていましたね。くるんとねじったレモンの飾り切りをトップに飾るのも、ルイジさんの流儀です。懐かしいなあ。

1 豚肉にセージをまぶし、生ハムを重ねる。
生ハムは豚肉の形に合わせて折りたたむなどして、肉からはみ出ないようにします。

2 包丁の背で数回たたいて豚肉、セージ、生ハムを密着させる。豚肉の面に薄力粉をまぶし、手ではたいて余分な粉を落とす。
生ハムの塩分があるので、肉に塩はふりません。

3 フライパンにE.V. オリーブオイルをひいて中火にかけ、熱したら生ハムの面を下にして豚肉を並べ、軽く火を入れる。

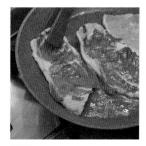

4 豚肉を裏に返して軽く焼く。フライパンにたまった油脂分をキッチンペーパーで拭き取る。

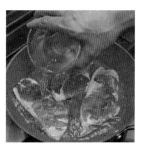

5 白ワインを入れて煮詰めてアルコール分をとばし、フォン・ド・ヴォーを加えて軽く煮る。ソースの味見をして、足りなければ塩でととのえる。

6 仕上げにバターを入れて溶かし、豚肉に煮汁をよくからめる。皿に盛り、レモンの輪切りを飾る。

店でも時々お出ししている、ミラノ一帯の冬の郷土料理です。
手に入りやすい豚バラ肉とサルシッチャ（生ソーセージ）、
キャベツだけで作るレシピを紹介しましたが、
本来は豚の足、耳、皮などあらゆる部位をごった煮にします。
コラーゲンがたっぷりの部位ばかりで、
だしもよく出ますし、食感も変化があって楽しい料理です。
スペアリブや肩ロースもよいですし、豚足が入手できるならぜひ加えてください。

豚肉とキャベツの煮込み、
ロンバルディア風

豚肉とキャベツの煮込み、ロンバルディア風

Cassoeula
カッソーラ

材料 (作りやすい分量)
豚バラ肉……1kg
サルシッチャ* (→ P.47) ……200g
キャベツ*……1/4個
白ワイン……100mℓ
香味野菜のソッフリット (→ P.12)
　　……100g
ローリエ……1枚
水……適量
E.V. オリーブオイル……適量
塩、黒こしょう……各適量

＊サルシッチャは市販のソーセージを代用
してもよい。
＊春キャベツのような柔らかく水分の多い
ものは、煮溶けてしまうので向かない。

準備
●豚バラ肉は塊のままでも、幅3〜4cm
に切り分けてもよい。
●豚バラ肉のすべての面に塩、黒こしょ
うをしっかりふる。塩は肉の0.8%ほどが
目安。
●キャベツをひと口大に切る。

from Hidaka

ミラノ近郊にある星付きレストランで修
業中、シェフがまかないで教えてくれた
料理のひとつでした。当時、ノートに書き
留めたレシピを見ると、豚足や皮のほか
に、ほお肉や尾肉も書いてあります。キャ
ベツも、ヨーロッパでは一般的な葉の縮
れたちりめんキャベツを使っていました。
この料理を食べると、豚肉とキャベツは
黄金の組み合わせだとしみじみ感じます。

1 フライパンにE.V.オリーブオイル
を少量入れて中火にかけ、熱した
らバラ肉の脂の面を下にして入れる。す
べての面をきつね色になるまで香ばしく
焼く。
バラ肉からかなりの脂が出ますが、最初に
油をひいておくと、焼き色がきれいにつき
ます。

2 フライパンにたまった油脂分を捨
て、白ワインを入れて沸騰させて
鍋底の旨みを溶かす。

3 煮込み用の鍋にバラ肉を移し、焼
き汁も入れる。焼いたフライパン
に水少量を入れて残っている焼き汁を
洗い流すようにして、これも鍋へ。香味
野菜のソッフリットと、水を肉の高さの
1/3量ほど入れる。強火にかけて沸騰
させ、ローリエを入れる。

4 サルシッチャを大きめの団子状に
丸めて、鍋に入れる。

5 蓋をして弱火にし、約1時間30
分煮込む。途中で煮汁の味や量を
見ながら適宜、水を加える。
サルシッチャの代わりに市販のソーセージ
を使う場合、煮汁の味が物足りないような
らブイヨンキューブやフォン・ド・ボーで
補うとよい。

6 浮いている脂を除き、味見をして
足りなければ塩、黒こしょうをふ
る。キャベツをのせ、蓋をしてさらに30
分ほど煮込んででき上がり。

トリッパのトマト煮、フィレンツェ風
Trippa alla fiorentina
トゥリッパ　アッラ　フィオレンティーナ

牛の胃袋（トリッパ）の煮込みです。牛には胃袋が4つあってどれも食べられますが、
これは網目状のひだが特徴の、日本では「ハチノス」と呼ばれる部位を使ったもの。
イタリア各地にあるトリッパ料理のなかでも作りやすいフィレンツェ風トマト煮で、
白いんげん豆の煮込みを添えることが多いです。内臓なので臭み抜きの下調理が必要ですが、
ある程度臭みを抜いたものが売られているので、家庭でも意外に簡単に短時間で作れますよ。
歯ごたえがありながら柔らかく、煮汁がよくしみ込んでこたえられない逸品です。

材料 (作りやすい分量)
トリッパ……500g
◇下処理用
香味野菜
　玉ねぎ……1/4個
　にんじん……1/4本
　セロリ……1/4本
　セロリの葉……1枚分
白ワイン……50㎖
白ワインヴィネガー……50㎖
水……適量
塩……適量
◇煮込み用
ホールトマト (缶詰)……400g
白ワイン……適量
香味野菜のソッフリット (→P.12)
　……200g
ローリエ……1枚
E.V. オリーブオイル……適量
塩……適量

パルミジャーノ……適量
イタリアンパセリ (粗みじん切り)
　……適量

準備
●下処理用の香味野菜 (玉ねぎ、にんじん、セロリ) を薄切りにする。
●ホールトマトをボウルに入れて、泡立て器でつぶす。

from Hidaka

イタリアでの修業中、私が最高においしいと思ったトリッパ料理は「大麦といんげん豆入りの煮込み」。トリッパの魅力に気づかせてくれた大事な一皿です。イタリアの北東部にある山岳地帯のレストランのスペシャリテで、地元の料理コンクールで優勝した品と聞きました。独立したての頃にその料理もお出ししたことがありますが、もちろん大好評でした。トリッパは煮込みのほかに、スープやサラダにしてもおいしいですよ。

1 鍋にトリッパを入れ、トリッパの高さよりもやや少ない量の水、セロリの葉、白ワイン、白ワインヴィネガーを加える。強火にかけて沸騰させたのち、ザルにあけて湯を捨てる。2回目はトリッパと水のみで沸騰させて湯を捨てる。

2 3回目はトリッパと水に残りの香味野菜と塩を入れ、沸騰したら弱火にし、30分間ゆでる。火を止めて冷めるまでおいて野菜の風味をしみ込ませる。
以上が臭み抜きの下処理。早めにすませておいてもよいです。調理前日なら冷蔵庫で保管を。

3 トリッパの水気を拭き、拍子木切りにする。

4 鍋を中火にかけてE.V. オリーブオイルを入れ、熱したらトリッパを炒める。

5 油が回ったら、塩、白ワイン、香味野菜のソッフリット、ホールトマトを加えて、全体を混ぜ合わせる。

6 水少量 (分量外) を加えて煮汁をゆるめ、ローリエを入れて沸騰させる。弱火にし、蓋をして30分間～1時間煮込む。途中で水分が足りないようであれば、適宜、水を加える。味見をして塩でととのえる。器に盛り、パルミジャーノとイタリアンパセリをふる。

煮込み時間は個体差があるので、試食して柔らかさを確認してください。

キッチンツールもスタイリッシュに

「ACQUA PAZZA チャンネル」の熱心な視聴者の方は男性も多く、
ステイホームの時間、料理をすることに集中、皆さん趣味の世界が広がっています。
キッチンツールも優れたもの、気分の上がるもので揃えると上達しますよ。

1 IH対応のフライパン。御影石のようにみえるグラニチウムコーティング、流麗なハンドル
　のデザインがいかにもイタリア製らしい (バッラリーニ　トリノシリーズ)。
2 「道具も楽しいものを。僕のラッキーカラーは赤」と日高シェフ。トング、ターナー、スパ
　チュラ、クッキングスプーン、泡立て器。すべてシリコーン製 (バッラリーニ)。
3 ソース作りに重宝するパーソナルブレンダー (ツヴィリング エンフィニジー)。
4 ブレイザー・ソテーパンは煮込みにも最適、そのまま食卓にもOK (ストウブ)。
5 蓋のシリコーン部分に水きり用の穴が施されたステンレス製鍋 (ツヴィリング)。
　https://www.zwilling.com/

日高シェフ流

身近な素材で
イタリアン

3

魚のカルパッチョ風
Carpaccio di pesce crudo

刺身パックを利用したお手軽カルパッチョです。

盛り合わせを使えば、彩りも風味も変化のある豪華なカルパッチョになりますよ。

日本では生魚で作ることがほとんどですが、

もとは"牛フィレの生肉"の料理です。

カルパッチョとはイタリアの高名な画家の名前で"赤色"をモチーフにした絵が多く、

ヴェネツィアの有名レストラン「ハリーズ・バー」が

赤い牛生肉で作った料理に即興で名前をつけたのが始まりです。

生魚を食べる習慣のなかったイタリアでも、すし文化の影響か、

今では魚でカルパッチョを作る店も多いようですね。

材料 (2人分)

刺身 (まぐろ、はまち、サーモンなど)
　……小1パック
赤玉ねぎ……適量
マイクロハーブ*……適量
E.V.オリーブオイル……適量
塩……適量
◇トマトマスタードソース
フルーツトマト……1個
粒マスタード……8〜10g
E.V.オリーブオイル……大さじ1
塩……適量

*マイクロハーブは手に入るもので。今回
はアマランサス、バジル、レッドソレルを使
用。スプラウトを組み合わせても。

準備

●赤玉ねぎをごく薄いスライスにする。
●フルーツトマトの皮を湯むきにし、種
を除いて小さいさいの目に切る。

 from Hidaka

最近では食材をアレンジしたさまざまな
カルパッチョが作られています。名前の
由来からすれば赤い色であるべきですが、
もはや色は二の次ですね。まぐろの赤身
はその点、理にかなっています……。色
はさておき、カルパッチョというには、生
の素材を、薄く切って、平たく盛りつける
ことが必要です。ソースや薬味野菜はど
んなものでもOK。

1 まな板にラップを敷いて刺身を並
べ、ラップをかぶせて密着させる。

刺身は1枚が大きくなるので、間隔をあけ
て並べましょう。

2 肉たたきでたたいて厚さ1mmほど
に薄くする。

たたくと繊維は壊れますが、包丁で切るよ
り簡単に薄くできる方法です。

3 ラップをはずして塩をふり、皿に
平らに並べる。

4 ソースを作る。フルーツトマト、
塩、粒マスタードを混ぜ、E.V.オ
リーブオイルを大さじ1加えてさらに混
ぜる。

5 魚に**4**のソースをかけ、赤玉ね
ぎとマイクロハーブを散らして
E.V.オリーブオイルを適量回しかける。

形や色が愛らしいマイクロハーブ

育ち始めの幼い葉のハーブがマイクロハーブ。小さく柔らかく、それでいて
それぞれの個性的な風味が生きています。形も色も愛らしく、カルパッチョ
やサラダなどに使うとおいしい上にファッショナブル！　見映えも風味も
断然違ってきます。店ではパイオニアである村上農園さんから仕入れてい
ますが、アマランサス、バジル、レッドソレル、クレイジーピー、レッドマス
タード、アニスイート、ロックチャイブなど15種類もあって楽しいです。ブ
ロッコリ、マスタード、レッドキャベツなどのスプラウト (発芽野菜) も組み
合わせて使うとよいですね。

*村上農園　https://www.murakamifarm.com/

まぐろのステーキ

Bistecca di tonno
<ruby>ビステッカ</ruby> <ruby>ディ</ruby> <ruby>トンノ</ruby>

まぐろのサクをステーキにして、レフォール（ホースラディッシュ）のソースを添えます。
数年前にミラノのシチリア料理店で食べてレフォールの使い方が気に入り、
以来店の料理に取り入れるようになりました。
まぐろのステーキはシチリアではよく食べられていますが、
レフォールを組み合わせるのは珍しく、シェフのアレンジなんでしょうね。
イタリアではまぐろはウェルダンに焼くのが一般的ですが、パサつきやすいし、
日本人の味覚にはレアの火入れがおいしいと思います。

材料（2人分）

冷凍まぐろ*（サク）……200g
にんにく（薄切り）……2片分
タイム……4枝
ローズマリー……2枝
E.V.オリーブオイル……適量
塩……適量
◇レフォールソース
レフォール……20g
E.V.オリーブオイル……50mℓ
醤油……数滴

＊生まぐろでもOK。

準備

●40℃のぬるま湯1ℓに30〜40gの塩
を溶かし、冷凍まぐろを1〜2分浸けて
半解凍にする。キッチンペーパーで表面
の水分を拭き取る。

from Hidaka

レフォールをオリーブオイルと合わせ
ると辛みがやわらぐので、このソースは
とても食べやすいです。隠し味に入れて
いるのが醤油！　これもミラノのシェ
フに教わりました。まぐろ以外の焼いた
魚、肉、野菜、またカルパッチョとも相性
がいいです。チューブの練りわさびはレ
フォールを材料にしているので、代用し
てもいいですよ。

1 脱水シートの上に半解凍にした
まぐろを置き、にんにく、タイム、
ローズマリーをのせてE.V.オリーブオイ
ルを少量たらす。シートでぴったりと包
んで、冷蔵庫に1時間ほどおく。

脱水シートは余分な水分や臭みを取り除い
てくれるので、よりおいしく食べられます。

2 ソースを作る。レフォールの皮を
むき、すりおろして小ボウルに入
れる。E.V.オリーブオイルを加え混ぜ、
醤油をたらして混ぜる。

3 まぐろをシートから出し、2つに
切る。ハーブを除いて塩をふる。
フライパンを中火にかけてE.V.オリーブ
オイルを入れ、熱したらまぐろを焼く。

温まっていないフライパンで焼き始めると、
まぐろに火が入りすぎてしまいます。

4 きつね色にカリッと焼けたら裏に
返して同様に焼く。側面もすべて
焼き固める。

5 取り出して縦長に2枚に切り分
ける。皿にカポナータ（下記参照）
を敷き、切り口を上にしてまぐろを並べ、
ソースをかける。

写真のようなレアがちょうどよい焼き加減。

カポナータ

なすを主体にした野菜の煮込みです。

材料（2人分）

なす…2本、セロリ…1/2本、玉ねぎ…
小1/2個、パプリカ（赤、黄）…各1/4個、
黒オリーブ（種なし）…10個、松の実…
大さじ1、レーズン…大さじ1、にんにく
…1片、E.V.オリーブオイル、塩、揚げ油
…各適量

1 野菜を1cm角に切る。黒オリーブは半分に切り、松
の実はフライパンで煎る。にんにくをつぶす。

2 なすを180℃の油で素揚げにし、セロリは塩ゆでする。

3 フライパンにE.V.オリーブオイルとにんにくを入れ
て熱し、香りを出す。にんにくを取り出し、玉ねぎ、パ
プリカの順に入れて炒める。なす、セロリ、黒オリーブ、
松の実、レーズンを入れ、塩をふる。蓋をして15分ほ
ど弱火で煮込む。

ひじきと桜海老のゼッポリーネ
Zeppoline con "Sakura-ebi" e "Hijiki"

ナポリ一帯で食べられているフリッターのような揚げものです。

生地はイーストを加えて少し発酵させているので、

食感は日本人の大好きなもちもち、ふわふわ。

現地では生地に青海苔のような海藻を入れるのがスタンダードですが、

日本でなら種類の豊富な乾物を利用するとぴったりだなと思い、

いろいろ使うようになりました。

揚げることで香りが生きて、とてもおいしいです。

材料 (作りやすい分量)

◇生地
薄力粉……200g
イースト (インスタントドライ)……2g
塩……小さじ 4/5
グラニュー糖……小さじ 1
E.V. オリーブオイル……小さじ 1
水……200㎖

桜海老 (乾物)……20g
芽ひじき (乾物)……10g
揚げ油……適量

準備

●芽ひじきを水に 10 分間ほど浸してもどし、軽く水洗いして水分をきる。

from Hidaka

お酒のつまみにぴったり。乾物以外では小柱、帆立貝柱、しらすなども合いますので、いろいろな風味で楽しんでください。揚げる時は形を気にする必要はありませんよ。油に落としたままのゴツゴツした形が自然でいいんです。冷めてもおいしいですが、オーブントースターで温め直すと表面がパリッとします。

1 生地材料のうち、水以外を大きなボウルに入れて、泡立て器でさっと混ぜる。

2 水を加えながら、泡立て器でぐるぐると混ぜる。

3 生地が混ざったら、桜海老と芽ひじきを加える。

4 へらでざっくりと混ぜる。ボウルにラップをかぶせ、温かいところで 30 分間ほど発酵させる。

5 揚げ油を 170℃に熱する。生地をテーブルスプーンなどですくって油に入れ、何回も返しながら 3 分ほどかけてきつね色にカリッと揚げる。キッチンペーパーに取り出して油をきり、皿に盛る。

スプーンを揚げ油でぬらしてから生地をすくうと、油に入れた時にきれいに離れます。また生地をすくう時にボウルの中を混ぜると生地中の気泡がつぶれるので、1 回ですくい取りましょう。

イタリアンにも重宝する和の乾物

イタリアの乾物といえば乾燥ポルチーニ、ドライトマト、いんげん豆やひよこ豆などの豆。同じようにして日本の乾物も取り入れれば料理の幅が広がり、手軽にイタリアンが楽しめるのではと何年も前から「乾物イタリアン」を提案しています。よく使うのは桜海老、ひじき、海苔類ですが、切り干し大根や麩、干し椎茸、干しわかめなども。水分をとばしてあるので味が濃く、香りも高い。使わない手はありませんよ。

干し海老と白菜のスパゲッティ
Spaghetti con "Hoshiebi" e "Hakusai"

干し海老も白菜もイタリアにはない日本の食材です。

イタリア料理に慣れていない方でも、こうした身近なものを使うだけで

ハードルが低くなり、作りやすくなるのでは。

干し海老は旨みが濃くて火を入れると香ばしさが出てきますし、

白菜はくたくたに柔らかく煮ると海老の風味を吸って、

これまた絶品の味になります。

材料（2人分）
パスタ（スパゲッティーニ）……160g
　　パスタをゆでる水……2ℓ
　　パスタをゆでる塩……20g
干し海老……30g
白菜……1/4個
アンチョビ（フィレ）……4〜6枚
E.V. オリーブオイル……適量
塩……適量

準備
●干し海老をひたひたの水に 20 分間ほど浸してもどし、水分をきる。
もどし汁も使うので取っておきます。

●白菜を幅 2㎝ほどに切る。
●ソースを作り始める前に、パスタ用の湯を沸かす。

1 フライパンを中火にかけてE.V. オリーブオイルを入れ、熱したら白菜を入れて炒める。塩をふり、蓋をしてくたくたに柔らかくなるまで蒸し煮にする。途中で水少量（分量外）を加える。
白菜を煮始めたら、パスタ用の湯に塩を入れ、パスタをゆで始めます。

2 小さなフライパンを中火にかけてE.V. オリーブオイルを入れ、もどした干し海老を炒めて香ばしさを出す。アンチョビを加えてつぶしながら炒めたのち、干し海老のもどし汁全量を加えて水分がほぼなくなるまで煮る。

3 1の白菜に2の干し海老を入れる。海老を炒めたフライパンに水少量（分量外）を入れて火にかけ、旨みを溶かして白菜に加えてさらに煮る。

4 3にゆで上がったパスタを入れて何回も混ぜてからめる。味見をして、足りなければ塩をふり、皿に盛る。

 from Hidaka

十数年前、テレビの番組で披露しましたが、いまだに「家で作っています」と声をかけていただくことの多い料理です。YouTube でも「作りました」というコメントが多いですよ。

モロヘイヤとカペッリーニ入りのかき卵スープ
Stracciatella con "Moroheiya" e capellini

シンプル、かつおいしいローマっ子の大好きなスープです。

ベースはブイヨンで、パルミジャーノを混ぜた卵をかき卵にします。

イタリア語料理名のストラッチャテッラは「ぼろぼろにした」という意味で、

かき卵状態を表したもの。

ご紹介するのはアレンジ版で、モロヘイヤと極細パスタを小さく折って

加えたら、とろみとボリュームが出て、

夜食にも合う腹持ちのよい料理に変身しました。

材料（2人分）
ブイヨン*……500㎖
モロヘイヤ……80g
パスタ（カペッリーニ*）……40g
全卵……2個
パルミジャーノ……20g
E.V. オリーブオイル……適量
塩、黒こしょう……各適量
＊ブイヨンの代わりにベジブロスでも。→P.14
＊カペッリーニは極細のロングパスタ。ディ・チェコの製品で直径0.9㎜。

準備
●モロヘイヤの葉を細めのざく切りにする（茎は使わない）。

●パスタを6等分くらいに折る。

●全卵を泡立て器で溶き、パルミジャーノを加えて混ぜる。塩をふって混ぜる。

1. 鍋にブイヨンを入れて強火にかけ、沸かす。塩、黒こしょうで味をつけ、モロヘイヤを入れて中火で1分ほど煮る。

2. ブイヨンにとろみがついてきたらパスタを入れ、柔らかくなるまで2分ほど煮る。

3. 卵液を全量流し入れ、泡立て器で軽く混ぜながらひと煮立ちさせる。味見をして足りなければ塩をふる。

4. 器に盛り、E.V. オリーブオイルをかける。

 from Hidaka

原形のかき玉スープは、ブイヨン、卵、パルミジャーノのみ。なかにはパン粉を入れるレシピもあります。卵はぼろぼろに固まる感じですが、それがこのスープのよさです。材料も少ないし、一瞬でできる料理なので、気軽に作ってください。

うなぎはイタリアでも食べますが、品種が異なり、
ぶつ切りでローストするかワインで煮込む大ざっぱなもの。
甘辛の蒲焼きは"ザ・日本"の味つけですが、
スパイス次第でイタリアンの味になってしまうから不思議です。
決め手は粗くつぶした黒こしょうとミント。
蒲焼きのたれとオリーブオイルで和えたパスタに散らして、
よく混ぜて食べると違和感なくイタリア料理です。
うなぎの蒲焼きは高価になってしまいましたが、ぜひ一度作ってみて。
うな丼とは別の楽しみが味わえます。

うなぎ蒲焼きとミント、
黒こしょうのスパゲッティ

うなぎ蒲焼きとミント、黒こしょうのスパゲッティ

Spaghetti con anguilla alla menta e pepe

材料（2人分）

パスタ（スパゲッティーニ）……160g
　パスタをゆでる水……2ℓ
　パスタをゆでる塩……20g
うなぎの蒲焼き……1尾分
蒲焼きのたれ……適量
E.V.オリーブオイル……適量
ミント（スペアミント）
　……1/3～1/2パック
黒粒こしょう……適量

準備

●パスタ用の湯を沸かして塩を入れ、パスタをゆで始める。
●黒粒こしょうを包丁の腹で強く押して、粗くつぶす。→P.54
●ミントは葉を摘み取って軸を除く。

1 うなぎの蒲焼きを温める。幅1㎝に切り分けてボウルに入れ、たれを少量からめておく。

電子レンジやオーブントースターなどで熱々に。冷めないよう、パスタがゆで上がるまでボウルをパスタの鍋にのせておくといいですよ。

2 パスタがゆで上がったらザルにあけて湯をきり、うなぎのボウルに入れる。

うなぎが水っぽくならないよう、パスタはしっかり湯をきって加えます。

3 残りのたれを加え、E.V.オリーブオイルをかけてよく混ぜる。

うなぎを少しつぶす感じで混ぜると、パスタとなじみやすくなります。

4 皿に盛り、ミントと黒粒こしょうをたっぷりかける。

from Hidaka

十数年前から家庭向けの料理教室で紹介していますが、簡単でおいしくて私はぞっこん惚れています。ポイントは黒こしょうとミントの量で、中途半端に使うのでは意味なし。うなぎが隠れるくらい、「少し多すぎじゃない？」と言われるくらいに思いきってかけてください。私にとって黒こしょうとミントは黄金のスパイスです。ミントはスペアミント、ペパーミントなど自由に使ってくださいね。

「アクアパッツァ」のまかないパスタ

作り方➡P.114～115参照

海苔のスパゲッティ

家庭に普通にある「日本の食材で作るイタリアン」
という女性誌の企画で考えたのがこの海苔ソース。
20年以上も前のことで、その後イタリアで行われた
料理イベントでも何回か披露しました。
今ではまかないだけでなく、
店の人気メニューにもなっています。
なめらかで磯の香りがいいですよ。

パスタ・マルゲリータ

かの有名な「ピッツァ・マルゲリータ」のパスタ版。
ありそうで、これまで見たことはありません。
2020年のコロナ禍の際、
SNSのシェフリレーの企画で
「家庭でできる簡単なイタリア料理」を
動画配信する時に思いつきました。
細いパスタを直接トマトで
柔らかく「煮る」のがコツ。
いろいろな食材でアレンジできそうで、
気に入っています。

オイルサーディンパスタ

イタリアへ渡る前の20代の修業時代、
仕事を終えた夜中に自宅でよく作ったパスタ料理です。
当時はコンビニもなく、すぐに食べられるのは
買い込んでおいたオイルサーディンと
スパゲッティくらい。
若き日の夜食の定番で、
懐かしい思い出の味です。

さば缶パスタ

近年人気のさば缶を使った簡単パスタ。
数年前、信州のあるお宅で郷土料理の
「さば缶と根曲がり竹の味噌汁」をご馳走になり、
こんなにおいしいのかと開眼。
その体験から、さば缶にじゃがいもや
トマトなどの野菜を組み合わせ、
パスタと一緒にゆで上げる料理を
作るようになりました。
野菜がたくさん食べられると、
YouTube ファンが
多く作ってくれています。

「アクアパッツァ」のまかないパスタ

海苔のスパゲッティ

材料（2人分）
パスタ（リングイーネ）……160g
　　パスタをゆでる水……2ℓ
　　パスタをゆでる塩……20g
板海苔*……2枚
水……200㎖
生クリーム……200㎖
柚子こしょう……小さじ1
パルミジャーノ……80g
塩……適量

＊海苔には溶けやすいものと溶けにくいものがある。養殖法の違い
によるもので、有明海産の初摘みの海苔でないときれいに溶けない。
スーパーでも売られており、上質なものほど風味よく仕上がる。

準備
●パスタ用の湯を沸かして塩を入れ、パスタをゆで始める。

1 フライパンに分量の水を入れ、強火にかける。沸騰したら板海苔を細かくちぎって入れ、溶かす。

2 塩をひとつまみ入れ、生クリームを加えて沸かし、2/3量ほどに煮詰める。柚子こしょうを加え混ぜる。

3 ゆで上がったパスタを入れて何回も混ぜてソースをからめる。火を止めて、パルミジャーノを入れて混ぜる。味見をして足りなければ塩をふり、皿に盛る。

パスタ・マルゲリータ

材料（直径24㎝のフライパン1個分）
パスタ（フェデリーニ*）……50g
ダイストマト*（缶詰）……1缶（400g）
水……適量
モッツァレッラ……1個
バジリコ……適量
E.V.オリーブオイル……適量
塩……適量

＊フェデリーニはスパゲッティーニより細いロングパスタ。ディ・
チェコの製品で直径1.4㎜。

＊ホールトマトでも。その場合はボウルに入れて泡立て器でつぶし
ておく。

準備
●モッツァレッラの水気をきり、キッチンペーパーで水分を拭き取る。少し厚めに切り分けて、切り口の水分もキッチンペーパーで拭く。

1 鍋にE.V.オリーブオイルを入れて中火にかけ、熱したらダイストマトを入れる。缶に1/3ほどの水を入れてトマトを残さず鍋に加え、軽く濃度が出るまで煮詰める。塩をふる。

2 パスタを4～5等分に折って 1 に入れ、4分間ほど煮込む。
焦げないように、時々混ぜてください。

3 フライパンを中火にかけ、熱したらモッツァレッラを入れて焼き色がつくまで焼く。裏に返して同様に焼く。
パスタを煮ている間に、焼きましょう。

4 パスタが柔らかくなり、ソースの濃度が出たら、弱火にする。モッツァレッラを並べ入れて、バジリコの葉を散らす。

オイルサーディンパスタ

材料 (2人分)
パスタ (スパゲッティーニ) ……160g
　パスタをゆでる水……2ℓ
　パスタをゆでる塩……20g
オイルサーディン (缶詰) ……2缶
にんにく (みじん切り→P.19) ……1片分
赤唐辛子 (小) ……2本
醤油……ごく少量
レモン汁……1個分
あさつき (小口切り) ……適量
E.V.オリーブオイル……適量

準備
●パスタ用の湯を沸かして塩を入れ、パスタをゆで始める。

1 フライパンにE.V.オリーブオイルを入れて中火にかける。オイルサーディン、にんにく、赤唐辛子を入れて、サーディンをつぶしながら香ばしく炒める。

2 弱火にし、鍋肌から醤油をたらして混ぜ合わせる。レモン汁を入れ、水少量 (分量外) も加えてのばす。

3 ゆで上がったパスタを入れて何回も混ぜてソースをからめる。あさつきを入れて混ぜ、皿に盛る。

さば缶パスタ

材料 (2人分)
パスタ (スパゲッティーニ) ……120g
　パスタをゆでる水……2ℓ
　パスタをゆでる塩……20g
さば (缶詰) ……1缶
フルーツトマト……1個
じゃがいも……大1個
かぶ……1個
ブロッコリ……小1/2株
E.V.オリーブオイル……適量
塩……適量

準備
●パスタ用の湯を沸かして塩を入れる。

●フルーツトマトは皮を湯むきにし、じゃがいもも皮をむく。かぶ、ブロッコリとともに、すべてひと口大に切る。かぶの葉があれば、ざく切りにする。

1 湯を沸かした鍋にじゃがいもを入れてゆで始める。3分後にパスタ、その2分後にかぶとブロッコリ、さらに2分後にかぶの葉を入れる。3分ゆでる。
ゆで汁は②③で湯せんに使うと便利です。

2 ①と並行して、大きなボウルにさば缶の身と汁をすべて入れ、身を軽くつぶす。フルーツトマトを加えて混ぜる。
さばとトマトを混ぜたら、ボウルを①のゆで汁の鍋にのせて温めます。

3 ゆでたパスタと野菜を、湯をきって②のボウルに入れる。E.V.オリーブオイルを入れて何回も混ぜてなじませる。味見をして足りなければ塩をふり、皿に盛る。
パスタと野菜はザルにあけ、ゆで汁をボウルか鍋で受けて、その上に②のボウルをのせて湯せん調理をするとよいです。

人生はいつも崖っぷち

1957年10月4日兵庫県神戸市に日高は生まれた。普通のサラリーマンの家庭だった。あまり勉強が好きではなく、大学受験の失敗を機に、調理師学校に行かせてほしいと両親に申し出た。学校ではイタリア料理と経営を学んだのだが、卒業当時はまだまだ神戸にはイタリア料理店が少なく、学生時代からアルバイトをしていた地元のフランス料理店「塩屋異人館倶楽部」に就職した。その後、新たにオープンする神戸ポートピアホテルの求人に応募し、面接を受けている間の4カ月間、イタリアンの老舗「ドンナロイア」のキッチンとホールで働き、まかないで出たのが“カルボナーラ”。「とにかく飽きがこなくて、毎日カルボナーラを食べてました」。これが日高のイタリア料理の原点となる。

同ホテルでの配属先はフレンチの三ツ星「アラン・シャペル」、日本初進出の話題店だった。カリスマシェフの元で素晴らしい経験を積んだのだが、どうしてもカルボナーラの味が忘れられず、イタリアンのシェフを志すようになった。

東京へ、そして本場イタリアへ

26歳で上京。銀座「りすとらんて・はなだ」に入った。食通たちが集まる知る人ぞ知る名店だった。「2年余りは、がむしゃらに朝から晩まで働き続けました。不器用なので、ほかに生きる道を考える余裕もありませんでした」。イタリア料理は学べば学ぶほど奥が深く、やがて「本場で勉強しなければ」という使命感に駆られるようになる。

1986年渡伊。「エノテーカ・ピンキオーリ」「グアルティエーロ・マルケージ」といった名門で働く。小遣いばかりの給料もすべて料理に注ぎ込み、寝ても覚めても料理のことばかり。だが懸命に働くうちに、ある疑問が浮かんできた。店で提供される料理はフレンチに近い印象なのだ。その疑問を店主にぶつけると、「本当のイタリアンを知りたければ地方に行け」と言う。日高の思いを理解して四季折々にその土地独自の名物料理を出す名店「ダル・ペスカトーレ」に推薦してくれた。それ以降、3年間で14店舗に受け入れてもらい“イタリア料理の魅力は郷土料理にあり”と実感することになる。そうした店のひとつにナポリ近郊の「ドン・アルフォンソ」がある。この店で地元漁師があげた獲れたての魚介を塩水だけでシンプルに調理する“アクアパッツァ”に出合った。あまりの旨さに感動し、これが自分の探していた料理だと確信した。後年、自分の店にその料理名を冠し、イタリアではマイナーな地方料理“アクアパッツァ”が日本全国に知られるようになるとはその時の日高には思いもよらなかった。地方といえども、真に新鮮な魚介は、漁師と信頼あるつき合いがあってこそ手に入るもの。生産者との信頼や結びつきの大切さを強く認識することとなる。

日本のイタリアン黄金期とともに歩む

1989年、帰国した日高は東京・青山「リストランテ山﨑」の料理長に就任。1980〜1990年代は空前の「イタめし」ブーム、まさに黄金期だった。1990年11月西麻布に「リストランテ アクアパッツァ」を開店。グループ店を次々とオープンさせていく。日高は修業時代から考えてきた“日本のイタリア料理〜トキオネーゼ”を実行に移す。東京をイタリアの21番目の州とする発想で、日本の食材をイタリア料理の調理法で仕上げることこそ、日高が長年追求したかったテーマだった。

やがて広尾に店を移転。名実ともにオーナーシェフとなる。しかし好事魔多し。店の火災。ボヤとはいえ出火の責任から移転を迫られ、多額の賠償金。料理人生を仕舞おうかとも考えるほど悩んだが、ぎりぎりのところで踏みとどまる。一緒に進む仲間がいる。日高ほど、料理人やサービスの人間を業界に送りだしたシェフはいないだろう。日高学校とも称される人望が財産だった。2018年4月、新生「リストランテ アクアパッツァ」を南青山にオープン。2020年、開店30周年祝いでは卒業したシェフや仲間が、それぞれの流儀で日高ゆかりの“アクアパッツァ”を作り、SNS上を賑わせた。

その2020年……。コロナ禍でまさに崖っぷちに立ったが、日高はユーチューバーとして新たな活路を開拓する。自分が愛してきたイタリア料理を伝えることで多くの人に喜ばれる、確かな手応えに励まされた。崖っぷちだからこそ、くよくよしても始まらない。まだ日高のイタリアンは進化する力があるのだ。少しずつ明日に向かって進もう。

文責・編集部（日高シェフの動画インタビュー等から再構成）

とっておきの
手作りドルチェ

4

いちごのバルサミコ酢がけ

Fragole all'aceto balsamico
<ruby>フラーゴレ</ruby> <ruby>アッラチェート</ruby> <ruby>バルサーミコ</ruby>

「アクアパッツァ」オープン時に大ヒットした、いちごのスペシャルドルチェ。
バルサミコ酢でベリー類などのフルーツを和える食べ方は、
バルサミコ酢の産地、中部イタリアのエミリア＝ロマーニャ州ではよくありますが、
そこにバニラのジェラートを組み合わせるスタイルは、
日本人だけでなくイタリア人にも新鮮だったようです。
酢とはいえ、ぶどう由来の濃厚な甘みととろりとした口あたりのバルサミコ酢は、
フルーツにもジェラートにもぴったりですよ。

作り方➡P.120 参照

おばあちゃんのチョコレートタルト
Torta al cioccolato
トルダ　アル　チョッコラート

チョコレートのタルトは、メレンゲをしっかり泡立てて作る「ガトー・ショコラ」が有名ですが、
このタルトはメレンゲをゆるく立ててチョコレート生地に合わせます。
焼き上がった時に生地がふくらまず平たいままですが、
驚くほどしっとりなめらか。
働いていたトスカーナ州の山奥のレストランで
教わったレシピで、店でも料理教室でも、
とても評判がよいですよ。

作り方➡P.120 参照

いちごのバルサミコ酢がけ

材料 (2人分)
いちご……10個
グラニュー糖……大さじ1
レモン汁……1/4個分
バルサミコ酢……大さじ2〜3
バニラのジェラート……適量

 from Hidaka

「バルサミコ酢がけのいちごの食べ方を日本でぜひ広めたい」との思いで、30年前のオープン時にメニューに載せました。バルサミコ酢がどんなものか、ほとんど知られていなかった時代です。しかし、期待どおりに、食べてくださったお客さまから熱い支持を得ました。あっという間にできるし、味も見映えもよいドルチェです。ぜひ試してください。

準備
●いちごのヘタを取り、縦に2等分する。

1 いちごにグラニュー糖をふり、よく混ぜる。レモン汁も加えて混ぜ、10分ほどおく。
砂糖の作用でいちごから汁が出てとろりとし、口あたりがなめらかになります。バルサミコ酢もからみやすいです。

2 バルサミコ酢をたらしてよく混ぜる。

3 皿にいちごを盛り、ジェラートを盛る。

おばあちゃんのチョコレートタルト

材料 (直径18cmのセルクル型1台分)
チョコレート (セミスイート)……130g
グラニュー糖……70g
バター……40g
全卵……2個
薄力粉……25g

準備
●オーブンを180℃に予熱する。
●鍋に湯せん用の湯を沸かす。
●セルクル型の内側にバターをぬり、薄力粉をまぶして (ともに分量外)、オーブンペーパーを敷いた天板に置く。
●バターを小片に切る。
●全卵を卵黄と卵白に分ける。

1 ボウルにチョコレート、グラニュー糖、バターを入れる。湯せん用の鍋の上に置いて、ゴムべらで混ぜながら溶かす。
チョコレートとバターが溶ければOK。グラニュー糖の粒は溶けていなくてもかまいません。

 **from Hidaka**

イタリアのレストランでは、パスタやお菓子をマンマやおばあちゃんが担当することが多いんです。このタルトも、オーナーの母親であるおばあちゃんの係でした。チョコレートのタルトといえばメレンゲをピンと立つまで泡立てるのが当たり前と思っていた当時の私は、おばあちゃんが作るのを見て「腕の力が弱いからだろう」なんて思ってしまった。あえてそうしていたことを、食べて納得したのでした。

2 湯せんからはずして粗熱をとる。卵黄を加えて軽く混ぜる。

3 薄力粉をザルでふるいながら加え、粉気が消えるまで混ぜる。
混ぜすぎに注意。粉の白い色が消えたら混ぜるのをやめます。

4 卵白をゆるく泡立ててメレンゲにする。
持ち上げた時にゆっくりとたれるくらいの立ち方です。

5 メレンゲを3回に分けて③の生地に加え、そのつどへらで軽く混ぜる。
メレンゲの白い色が消えたら混ぜるのをやめます。

6 用意したセルクル型に流し入れ、表面をならしてオーブンへ入れる。25〜30分間焼いて取り出し、粗熱をとって型をはずす。

ザバイオーネとフルーツ

ザバイオーネ コン フルッタ
Zabaione con frutta

黄色い泡のソースがメインのデザート「ザバイオーネ」。

イタリアには「スプーンで食べるドルチェ」というジャンルがあり、その代表的なものです。

ザバイオーネだけを食べたり、フルーツや焼き菓子に添えたり、食べ方はいろいろ。

卵黄、砂糖、マルサラをふわふわに泡立てるので、

口に含んだ瞬間、甘みとコクが口いっぱいに広がりますよ。

作り方➡P.123参照

パンナコッタ、いちごのソース

Panna cotta
パンナ　コッタ

牛乳プディングのようですが、材料は生クリーム。
パンナコッタは「火を入れた生クリーム」の意味です。
最近は、牛乳で割って風味を軽くするレシピが多いですが、
生クリーム100%で作るのが名前どおりの姿。
こってりしたコクを楽しむお菓子です。
いちごソースをかけましたが、ほかのフルーツソース、
伝統的なキャラメルソース、またソースなしでもおいしいですよ。

ザバイオーネとフルーツ

材料 (作りやすい分量)
卵黄……2個分
グラニュー糖……50g
マルサラ……60g
フルーツ (いちごのようなベリー系、キ
　ウイなど) ……適量
グラニュー糖 (フルーツ用) ……適量

準備
●卵黄を常温にもどす。
●フライパンに湯せん用の湯を沸かし、布巾を敷いておく。
鍋よりフライパンのほうがボウル全体に湯があたるので、効率的に泡立てられます。湯がふつふつと静かに沸いている状態で湯せんの作業を。

1 ボウルに卵黄を入れて泡立て器でほぐし、グラニュー糖50gを入れてよく混ぜる。

2 マルサラを加える。混ぜ合わせて卵黄となじませ、小さな泡が立つくらいに泡立てる。

3 湯せん用のフライパンにのせ、さらに泡立てる。
手首のスナップをきかせて泡立て器を回すと疲れにくいです。固まらないよう、手を休めず泡立ててください。10分ほどかかります。

4 生地の色が薄くなり、膨らんでふんわり、もったりしてきたら、湯せんをはずしてしばらくかき混ぜる。
湯せんをはずしても余熱で火が入るため、固まらないようにかき混ぜます。常温に冷まして食べてください。保存は冷蔵で3日間。

5 フルーツを食べやすい大きさに切り、グラニュー糖を少量まぶして混ぜ合わせる。水分が出てしんなりしてきたら皿に盛り、4 のザバイオーネをかける。

from Hidaka

マルサラを使ってこそのコクがおいしいドルチェですが、アルコールが苦手な方やお子さんには水で代用しても。ベリー系やキウイなど甘酸っぱいフルーツがとてもよく合います。

パンナコッタ、いちごのソース

材料 (4~5人分)
生クリーム……550㎖
グラニュー糖……100g
レモンの皮……1個分
バニラビーンズ……1/2本
板ゼラチン……6g
いちごのソース (作りやすい分量)
いちご……250g (1パック)
グラニュー糖……130g
レモン汁……1/4個分

準備
●板ゼラチンを冷水に10分間ほど浸してもどす。
●レモンの皮を適宜の大きさにむく。

1 鍋に生クリーム、グラニュー糖、レモンの皮、バニラビーンズを入れて弱火にかける。へらで混ぜ続けて温める。
風味がとぶので、沸騰させないように。生クリームがわずかにふっくらしてくればOK。

2 火からはずして板ゼラチンを入れ、混ぜて溶かす。

3 ザルでこしてボウルに移し、底に氷水をあてて混ぜながら冷やす。
ボウルを回しながら、へらでボウルの底をかくようにゆっくり混ぜると効率がよいです。気泡を作らないように静かに。氷水もたくさんあててください。

4 生地に少しとろみがついたら混ぜ終わり。型に流してラップをかけ、冷蔵庫で約2時間、冷やし固める。
へらにのせた生地に筋をつけて、消えなければとろみがついています。冷やしすぎると、固まり始めてデコボコになるので注意。

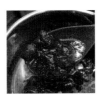

5 いちごとグラニュー糖を鍋に入れて混ぜ、20分ほどおく。水分が出たら弱火にかけ、時々混ぜながらとろみがつくまで煮る。火からはずしてレモン汁を混ぜ、冷やしておく。

6 パンナコッタを好みの器に盛り、5 のソースをかける。

from Hidaka

今ではイタリア全土で食べられるようになったパンナコッタも、もとは一地方の郷土菓子。フランスと接するイタリア北西部ピエモンテ州生まれです。牧畜が盛んで、生クリーム、バター、チーズなど乳製品が豊かなことが背景にあります。「ザバイオーネ」や、ティラミス (P.124) に使う「サヴォイアルディ」も同郷ですよ。

123

1990年のティラミスブームから
日本のイタリア料理の新しい歴史が始まった、といっても過言ではありません。
今や日本中のほとんどの人が知っていて大好きなドルチェです。
主役はクリーム状チーズのマスカルポーネですが、
合わせる卵の泡立て方や火入れの有無などの違いでレシピもいろいろあります。
私が大好きなのは、マルサラ入りの卵黄を泡立てた
「ザバイオーネ」とメレンゲ入り。
ふわっと軽くてリッチで、最高のおいしさですよ。

ティラミス

ティラミス

ティーラミスー
Tiramisù

材料（長径約30cmの型1台分）
マスカルポーネ……250g
生クリーム……100g
◇ザバイオーネ
卵黄……2個分
グラニュー糖……50g
マルサラ……60g
◇メレンゲ
卵白……2個分
グラニュー糖……20g

サヴォイアルディ……約10本
エスプレッソ*……100〜150mℓ
ココアパウダー……適量
＊濃いめにいれたインスタントコーヒーでも。どちらの場合も冷まして使う。

準備
●ザバイオーネを作り（→P.123）、冷ましておく。

1 大きなボウルにマスカルポーネを入れて、へらで軽く練って柔らかくする。別のボウルに生クリームを入れ、底に氷水をあてて泡立てる。持ち上げた時にタラタラとたれる柔らかさがよい。マスカルポーネに加えて、へらでざっと混ぜ合わせる。

2 別のボウルで卵白を泡立て、細かい泡ができてきたらグラニュー糖を2回に分けて入れながら、さらに泡立てる。角が立つメレンゲにする。

3 1 のマスカルポーネにザバイオーネを加えて、へらでざっと混ぜる。

4 2 のメレンゲを3回に分けて 3 の生地に加え、そのつどへらで軽く混ぜてクリームのでき上がり。
メレンゲが見えなくなれば混ぜ終わりです。混ぜすぎて気泡をつぶさないように。

5 型に 4 のクリームの半量を敷き、上にサヴォイアルディを敷き詰める。刷毛でエスプレッソを含ませる。
サヴォイアルディを並べてすき間ができたところは、適当な長さに折ってはめ込み、下のクリームを完全に覆ってください。また、エスプレッソを充分しみ込ませてしっとりさせたほうが、断然おいしくなります。

6 残り半量のクリームで全体を覆い、調理台にタオルを置いた上で型をトントンと落として表面を平らにならす。冷蔵庫に1時間ほど入れて生地を落ち着かせてから、ココアパウダーを茶こしでふるいかける。

from Hidaka

ティラミスをYouTubeで配信後、ホワイトデーで彼女や奥さまに作ったら「とても喜んでもらえた」との感想が多数寄せられました。うれしいですね。手作りのおいしさはひとしおかと。材料中の「サヴォイアルディ」はいわゆるフィンガービスケット。写真は店の自家製ですが、イタリア食材店で売っていますし、なければスポンジ生地でもよいです。

本書レシピ＆関連トーク
動画INDEX —— 「日高良実のACQUA PAZZAチャンネル」より

この本で紹介しているレシピ動画へ飛ぶQRコードを掲載しました。
お目当ての料理がすぐに探せます。残念ながら、全レシピの動画が揃ってはいませんが、
今後続々アップしていく予定です！　楽しみに待っていてくださいね。

＊本書掲載レシピ名と動画レシピ名とが一部異なる場合があります。ご了承下さい。

P.20
にんにくのみじん切りで作る
アーリオ・オーリオ
にんにくのスライスで作る
アーリオ・オーリオ

P.30
スパゲッティ・プッタネスカ

P.32
ペンネ・アラビアータ

究極のペペロンチーノとともに
紹介しています。

P.35
スパゲッティ・ヴォンゴレ・
ビアンコ

P.37
ナポリ風スパゲッティ・
ヴォンゴレ

P.38
漁師風スパゲッティ

2通りの作り方。冷凍魚介使
用は動画後半で紹介しています。

P.42
ボローニャ風ミートソース
のスパゲッティ

サブチャンネル「ソムリエに訊
け」編。

P.49-50
スパゲッティ・カルボナーラ
全卵で作るカルボナーラ
卵黄と生クリームで作る
カルボナーラ

P.51
ゴルゴンゾーラの
スパゲッティ

トマトのクリームソースととも
に紹介しています。

P.52
スパゲッティ・
カーチョ・エ・ペーペ
P.53
バターとパルミジャーノの
タリオリーニ

P.58
ジェノヴァペーストの
リングイーネ

2通りの作り方。夏向きの冷製
パスタも紹介しています。

P.62
カリカリいわしの
スパゲッティ

P66
ソレント風レモンクリーム
のスパゲッティ

P.70
きのこたっぷりのリゾット

P.76
じゃがいもとチーズの
カリカリ焼き

サブチャンネル「ソムリエに訊
け」編。

P.78
バーニャカウダ

P.80
パンと野菜のサラダ、
トスカーナ風

P.82
切り身魚のアクアパッツァ

P.84
めかじきの"食いしん坊風"

P.86
鶏もも肉のソテー、
ワインヴィネガー風味

P.90
鶏肉のマルサラ風味

P.92
豚肉ときのこの
マルサラ風味

P.102
魚のカルパッチョ風

カルパッチョの基本と万能ソース4種を紹介しています。

P.104
まぐろのステーキ

P.106
ひじきと桜海老の
ゼッポリーネ

P.108
干し海老と白菜の
スパゲッティ

P.109
モロヘイヤとカペッリーニ
入りのかき卵スープ

2種類の作り方。パスタ入りは
応用編で紹介しています。

P.110
うなぎ蒲焼きとミント、
黒こしょうのスパゲッティ

P.112
海苔のスパゲッティ

サブチャンネル「ソムリエに訊
け」編。また本チャンネルでは
雲丹のトマトクリーム添えとし
て紹介しています。

P.112
パスタ・マルゲリータ

サブチャンネル「ソムリエに訊
け」編。

P.118
いちごのバルサミコ酢がけ
P.121
ザバイオーネとフルーツ

「いちごの美味しい食べ方」5
通りのなかで紹介しています。

P.119
おばあちゃんの
チョコレートタルト

P.124
ティラミス

＊動画アップ状況は 2021 年 5 月 20 日現在。

日高良実

東京・南青山「リストランテ アクアパッツァ」オーナーシェフ。1986年にイタリアに渡る。ミラノやフィレンツェのミシュラン名店で働き、当時のトップシェフの薫陶を受けた後、イタリア郷土の味を研鑽すべく北から南まで14軒で修業。帰国後、日本イタリア料理界を牽引するシェフとして活躍し、魚介や野菜など日本の素材の持ち味を生かしたイタリア料理を提唱。

2020年、コロナ禍による新たな生活様式のなかで、料理の動画発信の可能性に目覚め、同年7月31日YouTube「日高良実のACQUA PAZZAチャンネル」をスタート。毎週金曜にアップされる動画番組の豊富さ、シンプルかつわかりやすい解説が好評を得て、チャンネル登録者数は現在13万人。イタリアンの新たな伝道師として注目が寄せられている。

リストランテ アクアパッツァ
住所 東京都港区南青山2-27-18 パサージュ青山2F
TEL 03-6434-7506
https://acqua-pazza.jp/
ランチ 11:30 ～ 15:00 (L.O. 14:00)
ディナー 17:00 ～ 23:00 (L.O. 21:00)
土日祝日 11:30 ～ 22:00 (L.O. 20:00 ／ランチは L.O. 15:00)
定休日なし (ただし年末年始、メンテナンス休暇有り)
＊営業時間はコロナ禍で流動的です。必ず事前にご確認ください。
＊横須賀美術館に姉妹店のリストランテ「横須賀アクアマーレ」があります。

Staff
調理 川合大輔、直井一寛
撮影 今清水隆宏
ディレクション 後藤晴彦
ブックデザイン 鳴島幸夫
DTP制作 株式会社明昌堂
校正 株式会社円水社
取材・文 河合寛子
編集部 川崎阿久里

撮影協力
ツヴィリング J.A. ヘンケルスジャパン 株式会社
https://www.zwilling.com/

教えて日高シェフ! 最強イタリアンの教科書
ACQUA PAZZA チャンネル公式レシピ BOOK

発行日 2021年6月25日 初版第1刷発行

著者 日高良実
発行者 竹間 勉
発行 株式会社世界文化ブックス
発行・発売 株式会社世界文化社
〒 102-8195
東京都千代田区九段北 4-2-29
電話 編集部 03 (3262) 5129
販売部 03 (3262) 5115

印刷・製本 株式会社リーブルテック